ダメ出しマネジメントからの脱却

可能性のマネジメント

株式会社ファインド・シー 代表取締役
小高峯康行

はじめに
――究極のマネジメントってなんだ？――

私は、「ファインド・シー」という、〝人と組織の成長を支援するサービス〟を提供する会社を長年にわたり経営してきました。組織のマネジャーやリーダーの方々に向けたコンサルティングサービスや研修を行う際に特徴的なのは、彼らから悩みを打ち明けられることが多いということ。悩みとは、自分のグループに所属するメンバーに関するもので、組織のマネジャーやリーダーは常に、自分のメンバーに対して悩みを抱えていると感じています。なぜかというと、一口にメンバーといっても一人ひとり、物の考え方や感じ方がまったく異なるからです。

たとえば、

○成果にこだわらないメンバー
○何度言ってもできないメンバー

○会議をやっても意見を言わないメンバー
○細かなミスがなくならないメンバー
○優しすぎていつも「ごめんなさい」のメンバー
○理由がわからないと動けないメンバー
○手段を目的と勘違いしてしまうメンバー
○定年前で意欲の薄いメンバー
○はっきり伝えると精神的につぶれてしまうメンバー
など、実にさまざまです。

みなさんは、マネジャーやリーダーとして、どうしたらよいか真剣に考え、さまざまな取り組みをされていますが、なかなか思うようにはいかず、心のどこかで「正直、メンバーを入れ替えたい」「昔の自分のような優秀な部下がほしい」と思っている人も多いと感じます。ですが、人の育成は、最終的には一人ひとりに合わせるしかありません。

これまで私たちは、「究極のマネジメント原則とは何か」「有効なセオリーとは何か」ということをいろいろな人々と話し、試行錯誤してきました。これまで多くの先達が指し示してきた事柄もふまえながら、実にいろいろな方法論を話し合い、試していくなかで、私たちは諸説あるマネジメント理論をよりシンプルなセオリーに集約させました。それが、「可能性のマネジメント」です。

可能性のマネジメントと聞いて何を想像しましたか？　可能性とは、文字通り、「何かを可能にする度合い」のこと。そもそもマネジメントとは、その人自身をマネジメントするのではなく、その人の〝可能性〟をマネジメントすることが重要なのです。そして、そこにはいつでも誰にでも通用する「こうしたらいい」「こんなときはこうするべき」という方法論、すなわち答えはありません。

人の〝可能性〟を高めるために必要なのは、マニュアルではありません。重要なのは、「その人とその人が見ている世界」をマネジャーがどのように見て、汲み取り、そして理解するか。そのための「コツ」を押さえることがカギになります。そして、その「コツ」をより簡単に習得するためにはどうしたらよいかを考え、本書に至りました。

本書は、「可能性のマネジメント」理論を集約した研修を、新任マネジャーの成長ストーリーを通じて、体験することができるように構成しています。主人公は、都内の大手調理器メーカー「東京厨房機器株式会社」に勤める榎並道久《えなみみちひさ》、33歳。物語は、新人営業マネジャーになってからの9か月間、目標を達成できずじまいの彼が上司から、「来四半期に目標を達成できなければチームは解散」という引導を渡されるところから始まります。

彼の成長譚《たん》には、マネジャーに必要なスタンスから、ぶつかりがちな壁とそれを乗り越えるために必要な考え方、リーダーシップのあり方など、明日から使っていただけるエッセンスやノウハウをできる限り詰め込みました。「読む研修」として、読み進めていただきながら、彼が遭遇する〝壁〟を疑似体験していただくことで、ご自身のマネジメントのあり方を見直すきっかけとなり、少しでもお役に立てたらうれしく思います。

本書を最大限に生かすポイント

本書を読み進めていただくために、一つだけ注意点があります。本書は、苦悩だらけのマネジャー、榎並氏の「現在」から始まり、彼が悩みながらも研修を受けてさまざまなことを感じていく3か月間が、日を追うように進んでいきます。そこから学び取ることは人それぞれ。「そんなことはわかってる」「いや、それは違うのでは？」「意味がわからない」「まだるっこしいなぁ」などさまざまなことを思うはずです。前のページに戻ったり、何度も読み返したくなったり、途中で読むのが面倒になったりすることもあるでしょう。

しかしそのあなたの「感じ方」や「そこから気づいたこと」こそが、マネジャーとしてのあなたの課題を見つけるヒントとなります。

今回、榎並の部下として登場するメンバーたちは、マネジャーになりたての方が苦労したり、悩みを抱えやすい典型的な特徴をもつ人たちです。

それぞれのメンバーたちと榎並とのやりとりや、各シチュエーションにおける〝あなた自身の感じ取り方〟を常に意識し、「ああ、こう感じているということは、もしかしたら自分の課題がここにあるのかもしれない」といったことに気をとめながら、榎並とともに歩み、ともに考えていきましょう。

可能性のマネジメント　目次

プロローグ

榎並の3か月物語

20XX年1月5日

最年少課長、チーム解散の危機！

「えっ、チーム解散ですか？」

榎並は、一瞬頭の中が真っ白になった。新年早々、部長の大塚から突然渡された引導に、自分でも身が硬くなるのがわかった。

「そう、解散。トップ営業マンの榎並君にチームを任せてからこの3四半期。ずっと目標未達というのは、私も部長会で分が悪くてね。もしこの四半期も売上達成できなかったら、残念ながらキミのチームは解散だ。わかったね？」

「は、はぁ」

「榎並君ひとりでやってくれたほうが売上が上がるならね、プレイヤーのほうが向いているってことかもしれんからね。まぁ、頑張ってくれよ。これでも期待してるんだから。それじゃ」

「あ、……。はい、わかりました。頑張ります」

榎並は咄嗟《とっさ》にそう答えたものの、目がまったく笑っていない大塚の笑顔にいささかの恐怖と反抗心とを感じつつ、重い気持ちを引きずりながら足早に会議室をあとにした。

榎並《えなみ》道久《みちひさ》、33歳。

都内の一部上場調理器メーカー「東京厨房機器株式会社」に新卒で入社して今年で10年目になる。入社してから一貫してずっと法人営業部で営業をしている。お客様は、ピザやうどん、ファミレスなどのチェーン店で、各店舗で使用する厨房機器を決定する部署の方々に、業務用の冷蔵庫や洗浄機などを提供する仕事だ。

今年の4月に社内最年少で課長職に昇格し、意気揚々とリーダーとしてチーム運営にあたったが、蓋を開けてみればこれまでチームが発足してから第1四半期、第2四半期、第3四半期と、すべて営業目標数字を達成できずじまい。この第4四半期は是が非でも達成せねばと気が焦っていた。そんなときにもたらされた部長の一撃。

チームを任されるまでの榎並は、最初の新人時代こそ少々苦労したものの、2年目以降、営業目標を一度もはずしたことがなかった。もともと営業マンとしての才能に恵まれていたわけではないが、人一倍努力をしてきたという自負がある。売れている先輩に話を聞きに行ったり、書籍を読み漁ったりして、自分なりの方法論のようなものをつくり上げてきたからだろうか。特にここ3年ほどは、全社トップから10位以内をはずしたことがない。この4月の課長昇格は、その業績が評価されてのことであり、同期で一番早く課長昇格の話を上司から内示されたときはうれしくて、妻の奈美恵《なみえ》とも抱き合って喜んだものだった。

しかし――。

今のこの状況を、いったいどう考えたらよいのであろうか。

榎並なりにマネジメントやコーチング、チームづくりの書籍を読んだり、先輩に話を聞くなど、あれこれ工夫を重ねてきたつもりなのだが、正直チームに活気があるかと言えば、そうではない。むしろ、榎並自身が毎朝、自身を鼓舞してからでないと出社しづらいくらいの暗い雰囲気である。メンバーのみんなの目には、果たしてどう映っているのだろうかと、榎並は聞きたいような、聞きたくないような思いが交錯している。

にしても――。

世の中にマネジメントに関する書籍は山ほどあるが、体系立てて教えてくれる本がないように思えるのは、気のせいだろうか。ドラッカーやミンツバーグなどの経営学者の本は、なるほどためになるし含蓄にも富んでいるが、どうしても実務に生かすには抽象的だったり精神論的な印象があり、具体的にはどう行動すればよいのかがわからないところがある。

一方で、いろんな経営者やトップマネジャーが書いたとおぼしき本は、逆に個別企業のケースが多くあまりに具体的で参考にならなかったり、彼や彼女がすごい人だからという感じが過ぎて、榎並自身が直面しているシチュエーションに当てはめるのに苦労する。

それでもいろんな本を読んで、なるほどと思ったことを毎日試してみているが、メンバーが変わってくれる様子は一切見受けられない。

榎並は、自分の席に戻ることができずに廊下を歩き回った揚げ句、誰もいない会議室の椅子に腰かけ、改めてチームのことを考えてみた。

榎並のチームは、榎並を除いて5人の所帯で、東京厨房の営業課の中では最も小さい部署であるが、そのメンバーにはかなり頭の痛いクセモノが揃っている。

榎並チームの個性豊かな6人のメンバー

遠山《とおやま》 隆《たかし》、25歳。

新卒で入社して3年、メンバーの中では最年少。榎並の本音を言うと、一年前のチーム編成の際、彼がメンバーだと聞いて、がっかりしなかったといったらウソになる。「未達成の男」として社内では有名だったからだ。売上目標の80％まではいけるのだが、100％までいったことがなく、「タカシ80％」とも呼ばれている。いつも笑顔でほがらか、お客様にもすぐにかわいがられるのだが、とにかく要領が悪い。日報や社内のシステム入力、経費処理など基本的な作業でさえ常に遅れがちで、しかも必ずといっていいほどミスをする。人と仲良くなるのは得意なのだが、顧客や取引業者からしょっちょうクレームが入り、長く深い信頼関係を築けない。どこまで細かく面倒を見るべきか悩む。

須藤《すどう》 新《あらた》、28歳。
半年前に中途で入社。本部での研修期間を終え、3か月前から榎並のメンバーになった。榎並からみた須藤は、愛想がなくいつも難しい顔をしている。口癖が、「これはなぜやる必要があるのですか?」「何のためにやるんですか?」。そのため、「サイボーグ須藤」とも呼ばれる。その問いに答えて、細かく指示を出し、本人が理解した仕事は確実にこなす。悪気はないようだし、「きちんとわかってやりたいタイプなんだな」とも考えられるが、あまりに忙しいときに「何のためですか?」が始まると、「もー。念のためだよ!」と怒鳴りたくなるときがある。理解してこなす仕事は、すばらしく安心感があるが、想定外のことや初めてのこと、また理解できないことがあるとフリーズしてしまうようで困る。

平木《ひらき》 浩一《こういち》、29歳。

新卒で入社し、今年で7年目。

彼は実に自己主張というものをしない男だ、というのが榎並の印象だ。いつも穏やかでお客様や社内での頼まれ事に対して「NO」と言わない。そのため、社内では「仏のひらき」ともいわれる。「YES」と仕事を受けるのはいいが、要領がいいわけではないため、残業が増え、時に仕事が回らなくなりお客様との約束までに仕事が終わらなかったりすることがある。業績は安定して101%とか、102%とか、いつもギリギリだが達成はしてくるので、もう少し強く要望したいところだが、今のところは静観モード。過去に一度精神的にまいってしまい、3か月ほど休職していたことがある。自分で抱え込んでしまいがちなのが心配な点で、彼の本音がいまいちよくつかめない。そろそろリーダー的な立場を任せたいところなのだが……。

坂本《さかもと》 ユリ、34歳。

榎並と同期。社内で有名なトップ営業ウーマン。正義感が強くさっぱりした性格で、榎並にとって彼女は頼れる存在だ。しかしながら先日一緒に飲んだとき、「ミチより私のほうが成績いいのにさー、なんで私じゃなくてミチが課長なのよ！　よりによって私の上司だなんて。マジむかつく」と暴れられた。面と向かって言ってくれる彼女のサバサバした性格は大変やりやすいが、「女王ユリ様」にとっては、まぁ、とにかくご不満とのことである。物言いがきついため、人によっては彼女を怖《こわ》がっている様子も見受けられる。かつて同期だった榎並の妻、奈美恵とは親友といっていい仲。奈美恵は何かあると逐一ユリに相談しているようで、榎並も知らない家庭事情を知っていたりして少々気恥ずかしいときがある。

小林《こばやし》　洋《ひろし》、56歳。

東京厨房機器創業時から会社の拡大期を長年支えてきたが、昨年から導入された役職定年制度により、昨年4月から部長職を退き一メンバーに。給与はほぼ半分に減額となる。5年前榎並が思うに、小林にとって役職定年制度の実施は青天の霹靂《へきれき》だったに違いない。5年前から広報されていたが、自分は特別扱いをしてもらえるものと思っていたようで、まだ感情の折り合いがつかない様子だ。どことなく拗《す》ねている風情があり、いつも微妙に機嫌が悪い。もともとは、ほがらかで気のいいおやじで、榎並が新人だったころは彼にずいぶんかわいがってもらった。それが今は、未達成でもまったく気にならないらしく、「私は昭和の遺産、もうロートルですから」が口癖。パソコンを使った資料作成やデータベース検索などは苦手で一向に進まない。このチームの最年長、自他ともに認める「昭和のひろし」は、榎並が遠山と同じくらい頭を痛めている存在だ。

以上が、榎並課のメンバーである。

あとは、営業アシスタントの河合理恵《かわいりえ》が、隣の課と榎並課とを兼務で担当してくれている。彼女は、榎並と同じ歳で、「効率職人河合」と陰で噂されている。独身のようだが、プライベートをとても大切にしており、何においても効率重視で、残業は一切お断り、というスタンスを貫いているからだ。仕事は正確で早いのだが、営業メンバーからは「融通が利かない」という不満の声をよく耳にする。榎並としてはもう少し顧客志向になってもらいたいと思うのだが、彼女の機嫌を損《そこ》ねるのが怖くてまだなんとなく言い出しかねている。

ということで、端的に言うと、営業戦力として見込めるのはユリと平木だけ。それ以外のメンバーは正直、当社でもお荷物レベルで、なぜよりによって新人課長のもとにこんなメンバーが集められたのか、実に謎である。メンバーの顔を思い浮かべながら、榎並は、これだけうだつの上がらないメンバーを集めた課もめずらしいのではと、気が重くなった。

一体世の中の人たちはみな、どうやってマネジメントの能力を身につけるのだろうか。

榎並はこれまで、自身がトップ営業マンだったこともあって特に上司からあれこれ言われたり指導された記憶がない。一度先輩マネジャーたちに聞き回ってみたことがあるが、

「まぁ経験だよ、経験！」

という意見が大半で、ではどういう経験が？　と聞くとあまり参考にならない武勇伝が

始まるため、いつからか自分から尋ねるのをやめてしまった。

今の上司の大塚は、数字さえ上げていればまったく干渉されないが、逆に今の榎並のような低パフォーマーには徹底して定期的に嫌味ばかりを言ってくる。

具体的にどうしたらよいかとか、どう考えたらよいかなどのヒントすら榎並はもらったことはなく、とにかく「よろしく頼むよ」「頑張れよ」の一点張りである。

彼は反面教師にはなれど、さりとてその逆をやればいいというものでもないようにも思う。それにしてもあの大塚のタヌキは、人のモチベーションを下げるのはやたらうまいとつくづく思う。とはいえ、感心していても仕方ないな、と榎並は苦笑しながら、明日の朝会でどのようにみんなに発破をかけるかを考えなくては、と会議室をあとにした。

人物相関図

20××年1月6日現在

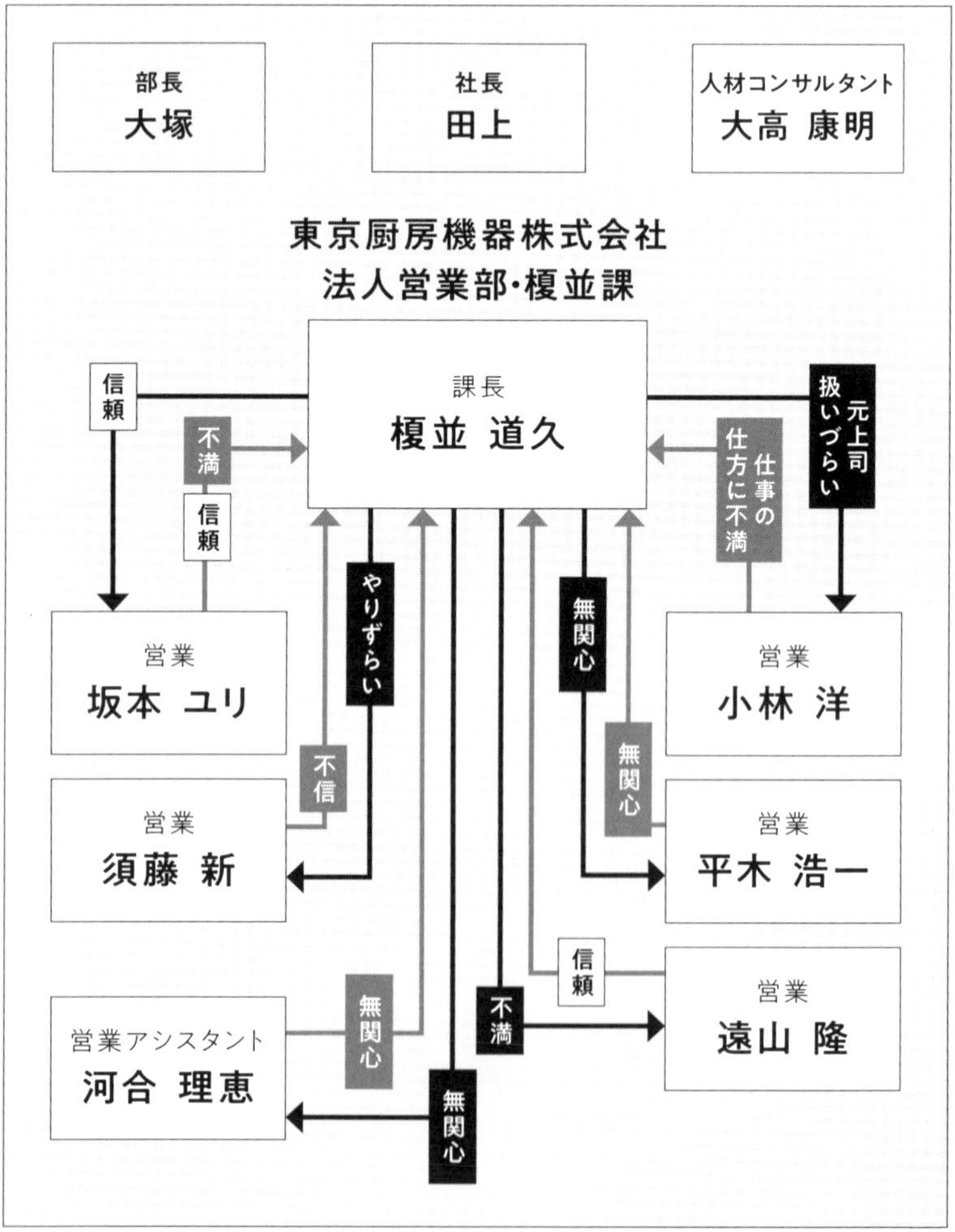

課長
榎並 道久（33歳）
営業成績抜群のトップ営業マンから昨年4月に課長に。入社10年目の新人マネジャー。9か月間、目標を達成できず、4期目の結果次第でチーム解散を言い渡される。元同僚の妻と3歳の娘がいる。

営業
小林 洋（56歳）
昨年3月まで部長だったが、役職定年制によりメンバーに。入社37年、これまで社を支え続けた自負があり、現状ではやる気が起きない。人情派の「昭和のひろし」。再婚した妻との間に高校生になる娘がいる。

営業
坂本 ユリ（34歳）
榎並と同期入社で、常に榎並より上をいくトップ営業ウーマン。彼女に憧れる女性社員は多く、ストレートな物言いで「女王ユリ様」と怖れるのは榎並だけか。現状に不満があり、辞めたいと思っている。榎並の妻・奈美恵とは親友。

営業
平木 浩一（29歳）
入社7年目。仕事に時間はかかるが確実にこなすため、榎並も特に口出しせず静観している。ただ、いつも穏やかで頼まれたことにNOとは言わない「仏のひらき」で、抱え込みすぎる面があり、過去に精神的に追い込まれ3か月休職していたことも。独身。

営業
須藤 新（28歳）
中途採用で半年前に入社。チームに3か月前に配属されたばかり。自分がやるべきと思った仕事は確実にこなすが、自分が納得しないと動かない。「なぜ?」が口癖で、ついたあだ名が「サイボーグ須藤」。独身。

営業
遠山 隆（25歳）
入社4年目、チーム最年少の営業マン。いつも明るく元気で人好きのする性格だが、業務上の事務的な作業など基本的な仕事でのミスが多く、今まで目標100%を達成したことがなく「タカシ80%」と呼ばれる。独身。

営業アシスタント
河合 理恵（33歳）
隣の課との兼務の営業アシスタント。膨大な仕事量を、無駄口をたたかずこなして必ず定時に帰るため、「効率職人河合」と呼ばれる。入社10年目で、榎並と同じ歳。独身。

人材コンサルタント
大高 康明（45歳）
大高コンサルティング社代表。妻と3歳の娘がいる。娘が榎並の娘と同じ幼稚園で仲良し、その縁で榎並チームのコンサルティングを引き受ける。

社長
田上（56歳）
小林と同期だが、6年前、社長に就任。売り上げ数値達成しか興味がない。社員には「コストカット」が口癖。

部長
大塚（45歳）
法人営業部の部長。自分の出世にしか興味がない。榎並のチームの成績の悪さに「解散」を言い渡す。

第1章

2 0 X X年1月6日

問題と課題の嵐

大塚部長の呼び出しがあった翌朝。榎並は重たい気分を振り払うように自らを奮い立たせ、できるだけ前向きに受け止めてもらえるように注意しながら、メンバーたちに昨日の大塚部長からの最後通告を伝達した。

「みなさん！　この四半期、達成できない場合はこのチームは解散だと大塚部長に言われました。私はこのチームを解散させたくはありません。きっとみなさんも同じ想いだと思います。なのでもう一度基本に忠実に頑張りましょう。市況は悪くありません。個人個人でいつも私が伝えていることを確実にやりきれば達成できるはずです。

一人ひとり、自分の課題をちゃんと見極めて、私がいつも伝えていることがなぜできないのかを、胸に手を当ててじっくり考えてみてください。みなさん一人ひとり、やることはわかっているはずです。よろしくお願いします」

誰一人自分とは目を合わせてくれない。やはりみんなもショックなのだろうか。いつもは何かしら茶々を入れてくれる同期のユリですら、どこか一点を見つめて黙り込みを決めた様子である。しかしここで甘く出ては、みんなのためにもならない、と榎並は改めて姿勢を正した。

「では、そういうことで。みなさん、力を合わせて頑張りましょう。よろしくお願いいたします！」

沈鬱な気持ちで朝会を終え、直後に榎並がデスクに戻ると、ちょうどアシスタントの河合が電話の最中だった。どうも様子がおかしいので見守っているとしばらくして、河合はようやく解放された、という面持ちで受話器を保留にした。

「榎並さん。大東工業の大東社長からの電話なんですが、遠山さんと連絡がつかないらしくて。ずいぶんお怒りのようで。どうしましょう」

「あ、じゃあ代わるよ。ありがとう」

そう言って榎並が電話をとるや否や、耳をつんざく怒声が飛び込んできた。

「遠山さんの上司の方ですか？　ですよね。もう、勘弁してくださいよ。遠山さんには本当に困ってるんですよ。仕切りは甘いし約束の日に来ないし、揚げ句の果てにお客様からの日程変更の連絡をこっちによこしてくれてなくて。お客様カンカンなんですけど。どうしてくれるんですか？　しかも肝心なときに限って携帯もつながらないし。朝から何十回と留守電残してるんですけど、返事すらよこしてくださらない。お客様から、うち

との取引を考え直すって言われてしまってるんですから。本当にどうしてくれるんですか？」

「そ、それは、大変申し訳ございません。私がすぐにお伺いいたします。ええ、どちらに伺えば？　あ、はい。では、ただいま伺います。はい、申し訳ございません」

　相手から見えていないだろうに、榎並は平身低頭で電話を切った後、すかさずあたりを見回し、遠山の姿を探した。

「そういえば遠山って朝会いなかったね。河合さん、遠山どこ行ったかわかる？」

「はい、イントラ（社内システム）上のカレンダーでは大阪出張となっています。確か日動興業さんの大阪本店での商談だとおっしゃってたと思います。予定では商談終わってい る時間のはずなんですけれど……」

「ありがとう。それにしても遠山は、何してるんだろうか。大東社長、朝から電話してたって言ってたぞ。朝からずっと留守電聞いていないのか？」

　榎並は誰に言うともなくつぶやきながら、「河合さん、ということで大東工業さん行ってくるわ。遠山から連絡あったら、俺に一報入れるように伝えておいてくれます？」と言い、「はい、承知しました」という河合の返事を背に受け、大東社長のもとに向かった。

大きなミスは回避したけど、電話に出てよ、遠山

蒲田駅から歩いて10分ほどの納品先に榎並が急いで足を運ぶと、先ほどよりは少し落ち着かれたのだろうか、大東社長と思しき人物が外で一服しながら榎並を待っていた。

「あ、東京厨房さんの榎並さん？　大東です。さっき、とりあえずなんとか納品できたよ」

「大東社長でいらっしゃいますか。この度は……、東京厨房の榎並でございます。ええ、この度は本当に、新年早々申し訳ありませんでした。今回の経緯および今後の対応につきましては早急に整理し、改めて書面を含めてご連絡させていただきます。本当に申し訳ございません」

「榎並さん、まぁ、お宅とは長いつき合いですからねぇ。今回は大目に見ますけど、同じことを次もされたら、本当に御社とのお取引自体、考えさせていただきますからね。遠山さんに連絡しても全然つながりませんし。それともまだお正月休みだったんですかね？　本当にミスばっかりで、こっちも困ってるんですよ。遠山さん、ああいう人だから悪気はないんだと思うけど、悪気がなきゃいいのか、ってハナシでしょ？　今後当面、ご訪問いただく際は、榎並さんもできる限りご同席いただけませんかねぇ」

「承知いたしました。そのようにさせていただきます。はい、この度は多大なるご迷惑をおかけし誠に申し訳ございませんでした。遠山からも連絡入れさせますので。今後とも何とぞよろしくお願い申し上げます」

大東工業での謝罪を終えてからも何度か遠山の携帯を鳴らしてみるものの、まだ彼からのレスはない。留守電をまったく聞いていないのか、それとも怖くなって連絡できなくなっているのか……。いずれにしてもちゃんと時間をとって説教するしかないな。「タカシ80%」どころか「タカシマイナス30%」じゃねーか……。榎並は会社へ戻る電車の中で深いため息をつきながら、遠山と連絡がついたらどう叱ってやるべきか、思いを巡らせた。

平木、なんで報告してくれなかったの？

榎並が重い頭と体を抱えて社に戻ると、どうやら自分を待っている人がいたようで、榎並が席にコートとカバンをどっこいしょと置くか置かないかのうちに、平木が能面のような顔で目の前にやってきた。

「榎並課長、ちょっといいですか？お話ししたいことが」

「うん、なに？」

聞くと、会議室をとってあるという。相変わらず「仏のひらき」の表情は読めないが、イヤな予感しかしない。平木が予約したという、営業フロアから少し離れた広い会議室に二人で入り、榎並は平木の対面《トイメン》に座った。あ、こういうときはナナメに座ったほうがいいんだったっけ。まぁしょうがない、座り直すのも変だ。

「平木君。話って何？」

「榎並課長、お忙しいところ申し訳ありません。あの～、大変申し上げにくいのですが」

「なに？　いいよ、言ってみて」

「あのぉ、本当にすみません。今Q（この四半期）は達成できそうにないです。来Q（次の四半期）は大丈夫だと思います。誠に申し訳ありません」

「えっ⁉　平木君にしてはめずらしいよね、なんで？」

「はい……、あの、受注できると思っていた山川商事の洗浄機の件なんですが、先ほど高松部長から電話がありまして……、今期業績が悪いので新規購入を控えることに役員会で決まったと」

「えっ。それって、事前にわかってたことでしょ？」榎並は自分の声に怒気がこもるのを自覚しながら、しかし抑えきれず吐き捨てるような声を放った。

「すみません。ほぼほぼ内定、と言われていたものですから……。今まで高松部長が内定、といえばたいてい決まっていたので、私も大丈夫だろうと思ってしまっていまして。ほかに仕込めているところがなくて……、すみません」

マジかよー。マジで勘弁してくれよ。平木すら達成できなかったら、うちのチームがたがたじゃないか！　と、喉元まで出かけた言葉と怒りとを呑み込み、榎並は努めて穏やかな物言いを心がけねばと思い直した。つい今しがたは吐き捨てるような物言いになってしまったが、こういうときに怒りを示すのは逆効果、と何かの本に書いてあったのを思い出したからだ。

「そ、そうか……、ほかに見込めるところ、ホントにないの？　あっ、そうだ。STフーズはどう？　ほら、先々週のヨミ会で具体的に進む確率50％って言ってなかった？」

「あ、すみません……。STフーズは大日本機器社にコンペ負けしました」

「えっ？　聞いてないんだけど」

「すみません、お伝えしてませんでした」

「平木君。なんで報告してくれなかったの？　そういう大事な話こそ真っ先に報告してくれといつも言ってるじゃないか！」

「すみません……。以後気をつけます」

「うん、頼むよ。他にホントに数字上げられそうなとこ、ないの？」

「すみません……。ないです。……来期は大丈夫だと思います」

「うーん、そうか。でも、最後の最後まで数字にこだわってくれよ。あきらめたら終わりだからギリギリまでこだわってくれ。平木君の課題は目標達成へのこだわりが弱いところだから。あ、後で来四半期の細かい受注予測くれるかな？　来四半期のことも今からやんないとね。自分でよくよく考えてみて」
「す、すみません……」

本当に、彼にやる気はあるのだろうか。平木の話を聞き、榎並に残ったのは、なんとも腑に落ちないような、モヤモヤとしたものだった。こういうときはもっとあがいて、努力すべきだと思うのだが、あまり同時にいろいろなことを伝えてもと考え直し、榎並はそれ以上のフィードバックは控えることにしたが、果たしてそれでよかったのだろうか。

気づくと、窓の外はもう真っ暗である。
「本当に俺、どうしたらいいんだろう」

窓の外にも負けないほどの暗い気持ちとやり場のない怒りに頭と心を占拠されたまま、榎並は暗い顔でデスクに戻った。パソコンをひらくと、この数時間のあいだに100件近いメールが来ている。なぜ俺のメンバーたちはどいつもこいつも、仕事ができない奴らばかりなんだ。なぜ真面目にやらないんだ。これくらい、なんで自分で判断できない？　あー腹立つ。榎並はフロアにいるメンバーたちがみんな、自分の様子を恐る恐るうかがっているのにも気づかず、さらに重たいため息を吐きながら、厳しい顔でキーボードを叩き続けていた。

ふと気づくと、坂本ユリがあきれたような表情で榎並の目の前に立っている。

「榎並課長さーん。マジでヤバイ顔してますよー。大丈夫？」

「あ、ユリ。あ、大丈夫大丈夫。なんか話でもあるの？」

「うーん。金曜だし、今から飲みに行かない？　って誘おうかと思ってたんだけど、その顔じゃ無理っぽいね」

さすがユリ、ナイスタイミング！　ちょっと愚痴っちゃおうと思った榎並は、即座に「いや、ちょっと俺も気晴らししたい。行こう！」とユリに返し、さらに奈美恵に連絡する旨を伝えると、「あ、奈美恵にはLINEしておいた」とユリ。

手元の携帯を見ると、奈美恵から「楽しんできてね！」とビールの乾杯マークがついたメッセージがすでに届いていた。ユリの根回し力は、相変わらずさすがである。そしてうちの嫁さんも本当に人ができている。感謝しかない。

トップ営業ウーマン、ユリの不満炸裂

二人でたまに連れ立っていく品川の港南口にある、価格の割にうまい肴を出す居酒屋に入り、二人で「とりあえずビール！」と大ジョッキを呷《あお》った。

「ぷはあー」

やっぱこの瞬間はいいねぇ。今日もいろいろあったけど、おかげで生き返るぜ～、と榎並が思った途端、ユリから「私、辞めたいんだけど」との爆弾を投げ込まれた。

「は？」

榎並のビールを持つ手が止まる。

「は？　じゃないでしょ。実は前から引き抜きがあって。丸菱企画の松原社長からうちに来ないかって、ずっと言われてたんだ。マネジャーのポジションでって。今よりもステージ上がるし、別にミチがどうこう、ってわけじゃないけど、やっぱり同期が上司って、なんかやりづらいっていうか、テンション下がるっていうか。

あとさ、今日のミチの朝会、最悪だったよ、あれ。あれ聞いて正直決心ついちゃった」

とユリは畳みかけるように言った。

「え、どこが最悪だった？　俺なりに一生懸命考えてみんなに伝えたつもりなんだけど」

「はーぁ？　あんた大丈夫？　なんか課長になってからむちゃくちゃキレ悪くなってんだけど。自分のことしか考えてないじゃん、はっきり言って。

そのイケメン塩顔も最近歪《ゆが》んできた気がするのは私の気のせいかしら？

『今回達成できなかったら、俺課長降ろされるんだ、お前たちがダメだから達成できないんだぞ～、どうしてくれんだ』としか聞こえなかったし。

みんなぶっちゃけ、完全にやる気なくしてたよ。

それでなくてもさぁ、うちの課、暗いし。あんたいつもぶすっとしてるしさぁ。さっきなんか、『お前らバカたちのせいでこの世が終わる』みたいな顔してたし。みんな陰であんたのこと『自称元トップ営業マン』って呼んでるよ。知ってた？」

相変わらず、ずけずけとモノを言うユリに、榎並はむっとした。

「お前、いくらなんだって上司に向かって『あんた』はないんじゃないか？ あとなんだよそれ、自称元トップ営業マンて。自称じゃねーし。事実だし」

「はー。では榎並課長。申し上げますが、正直今の課長様は、ご自身のことしか考えていらっしゃらないのが全員に丸見えです。私たちメンバーを、数字を上げる道具くらいにしか見ていらっしゃらないように、私には感じられますがいかがでしょうか？

それから課長に『お前』呼ばわりされる覚えはございません」

榎並の倍、むっとした表情でユリが返してきた。

「あ。ごめん。すみません。とにかく、転職はもうちょっと待ってよ。考え直してください。

あと、自分のことしか考えてない、なんてことはないです。みんなで頑張りたいと思ってる。それが伝わってないのは、私のせいです。ほんと、申し訳ない。

ねぇ、もうちょっと一緒に頑張ってくれよ。ユリがいてくれなかったら、俺どうしたらいいかわかんねーよー。お願いだよー。頼むよー」

このままだとユリにキレられるかもしれない。榎並は下手《したて》に出る作戦に切り替えた。

「ふー。ミチ、私がそう言われると弱いのわかってて言ってるでしょ」

「ばれたか。でもほんとにユリがいてくれないと困る。それはユリにだってわかってるでしょ？」

「まぁね。平木君もなんか調子悪いみたいだし。ていうか、遠山の件、大丈夫だったの？　河合さん、なんで私が電話で怒られないといけないの！　って怒ってたわよ。河合さんも気の毒だけど……、タカシ80％、お客さんにひどい迷惑かけたんでしょ」

「あっ、河合さんに報告するの忘れてた」

「あんたさー。そういうところが自分のことしか考えてない、って言ってるのよ。どうしたの？　しっかりしてよ！　奈美恵の王子様なんでしょ？」

げっ。奈美恵が俺のプロポーズの言葉をユリに話してたとは……。

「まぁとにかく、転職は待ってください。お願いです」

「うーん。まぁ、考えてみるけど……」

何から何まで最悪すぎて、榎並は、空になりそうなジョッキを前に、ビールを注文する気にもならなかった。

真っ暗闇のなかで見えた一筋の光

榎並が保土ヶ谷の自宅マンションに着いたのは夜中の12時だった。にもかかわらず、奈美恵は起きて待っていてくれた。今年で3歳になる娘の波羅《はら》は、最近与えられたばかりの子供部屋で幸せそうにすやすや寝ている。

榎並が奈美恵と出会ったのは、社の新人研修だ。

研修初日、同期の彼女の笑顔を一目見た瞬間、榎並は恋に落ちたのだった。

いつもほがらかで前向き、綾瀬はるか似の彼女は入社以来ずっと社内の、いや世の中の独身男性のマドンナで、榎並は正直、彼女の気を惹《ひ》きたいがために仕事に邁進《まんしん》したところがある。そのおかげで常に同期では営業成績トップ、そのうちに先輩をもしのぐ成績を上げ続け、6年前に奈美恵と結婚し、3年前に波羅を授かった。まさか営業成績がよいから結婚してくれたわけではあるまいが……。

ディズニー好きの彼女に、「僕が君の王子様になる」と、慣れないワインを飲んだ酔いに任せてプロポーズしたが、今思い出しても顔から火が出るようである。まさかユリに話していたとは。恥ずかしい……、恥ずかしすぎる。

当時のことをふと思い出し、榎並がひとりで赤くなっていると、奈美恵が不思議そうな顔でこちらを見ている。

「どうしたの？　最近、本当に変だけど。

　ユリから聞いたんだけど、最近あまり仕事うまくいってないって」

「うーん。うん。正直、課長になってから鳴かず飛ばずなんだ。ずっと課の目標も達成できてない。正直、こんなこと初めてだから、どうしたらいいかわからなくて」

「そうだったんだ……。私全然わかってなくて、ひとりで大変な思いさせてごめんね。ミチ、いつも家ではほとんど変わらないでいてくれてるから、なんとなく変かなくらいにしか思ってなかった。ごめんなさい」

　奈美恵は相変わらず天使のようだ。

「いや、そんなことないよ。奈美恵と波羅がいてくれるから頑張れてるし。

　奈美恵と波羅の顔見るとホッとするから、家ではいつもと変わらないでいられるんだと思うし……」

「ありがとう。ねぇ。ミチはどんな課長さんになりたいの？」

　そう奈美恵は、マリア様のような笑顔で榎並に尋ねた。

「え、どんな課長？　うーん、業績を上げられる課を牽引《けんいん》できるリーダーでいたいかなぁ」

「ふーん、じゃあミチが考えてるリーダーって、どんな感じ？　業績が上げられてたらＯＫなイメージ？」

「うーん。そうだなぁ。やっぱりメンバーには仕事って楽しいって思ってもらいたいかなぁ……、ちょっとキザかな、俺」

「ううん。素敵だと思う。ねぇ、ミチ。ミチは今、仕事楽しい？」

「えっ？　そう言われてみると、俺自身、正直言って月曜日の朝とかちょっと憂鬱かもしれない。なんだろうなぁー。俺、どうしたらいいんだろう？」

目の前で頭を抱える榎並を、奈美恵は包み込むような穏やかな表情で見ている。

「ミチ自身も模索している感じなんだね……」

そう言うと、奈美恵はキッチンへ行き、コップにミネラルウォーターを注いで戻ると、コップを榎並に手渡した後で、思いついたようにこう言った。

「そうだ！　そういえばね、波羅のお友達の七海《なみ》ちゃんのお父さん、マネジメント力強化のコンサルティング会社を経営してるって言ってた、うん、確か。会ってみる？」

「え、そうなんだ。うーん、会ってみたいけど。うちって外部の人を招いた研修とかってやらないじゃん？　コンサルタントとかって、敷居高いなぁ……」

コンサルティングという言葉に、榎並は少し怪訝《けげん》そうな顔をしたのを奈美恵は見逃さなかった。

「そうね……。でも、そういえば、明後日のお遊戯会にいらっしゃるって言ってたから、もしそのとき話せるようだったら軽く話してみたら？　波羅のお友達のお父さんだし、お仕事抜きで親しくなるのも悪くないんじゃない？

　この間、本で読んだんだけど、『可能性を広げるほうの選択をする』のが大事なんだって。私も、ほんとそうだなーって思ったんだ」

　榎並は思わず奈美恵の顔を見た。「可能性を広げる選択」、その言葉に、突き動かされたからだ。しかも明後日お遊戯会で会うのなら気も軽い。

「うん、ありがとう。じゃあ、ご挨拶だけしてみようかな」と榎並が言うと、「うん、それがいいね」と奈美恵は笑顔でうなずいた。妻のすばらしいアイデアに感動しつつ、明後日の出会いに賭けてみようと思いながら、榎並は眠りについた。

救世主、現る？　それとも……

　翌々日の、日曜日。娘の波羅のお遊戯会で、榎並は１８５ｃｍはあるだろう背の高い穏やかそうな紳士から「榎並さんですよね？」と声をかけられた。

「大高《おおたか》です。波羅さんのお父様ですよね？　お話は奥様から伺っています」

と気持ちのよい笑顔を向けられ、榎並はあわてて、「あ、いつも波羅がお世話になっております」と挨拶した。

「こちらこそ。うちの七海は、波羅ちゃんが大好きみたいで、いつも一緒に遊んでもらっているようで。奥様からも榎並さんのお仕事のお話、少しだけですが伺っています。もしよろしければ……、ですが、ここから数分のところに落ち着いた喫茶店があります。差し支えない範囲でお話をお聞かせいただけますか?」

大高にそう言われて、「奈美恵は一体どこまで話してるんだろうか」と思いつつも、コンサルという言葉にむちゃくちゃキレキレの怖そうな男性を想像していた榎並は、大高の物腰のやわらかさにどこかほっとしている自分を感じつつ、身元もわかっていることだし、コンプライアンスに反しない程度に、彼に状況を話してみようと決めた。

終始穏やかな表情で榎並の話を真剣に聞いていた大高は、ひと通り話が終わると、こう切り出した。

「もしよろしければ、そして諸事情が許せばなんですが、今度、榎並さんチームの営業会議を見学させていただけますか?」

「え? いいんですか?」

大高からの思いもかけない申し出に、榎並は思わず即答した。

「最低限、守秘義務契約書の締結が必要になるかと思いますが、御社でその他必要な手続きがあるようでしたら、おっしゃっていただければ」

話はトントン拍子に進み、なんとその場で、3日後に大高に来てもらうことが決まってしまった。仕事ができる人は話が早い、とは何かの本で読んだけれど、ここまで早いとは……。榎並は、うちの大塚部長もこれくらいスマートだったら、いろんなことが違ってくるんだろう、などと考えつつ、大高とその後必要な段取りを相談し、やたらおいしい珈琲《コーヒー》を出すその喫茶店をあとにした。おいしい珈琲と大高との出会いに、榎並の足取りはおのずと軽くなっていた。

第2章

20XX年1月11日

大高、登場！

榎並チーム、大高との初セッション　1月11日　9時

品川駅からほど近い、港南口側の新しいビルの中に、東京厨房機器株式会社の東京営業部オフィスはある。榎並チームは毎週水曜日、朝9時から12時にここで営業会議を行っており、今日はこの会議に大高が参加する。榎並と大高は出会ってまだ2日しか経っていないが、善は急げ。契約を前提に初日の今日は、まずは、榎並のチームを見てもらう、ということになった。今朝の気温は5度。いつになく冷え込んでいるが、室内は暖かい。

15人ほどが入れる真新しい会議室に、榎並とアシスタントの河合を含めた総勢7名が、榎並を中心にしてコの字形で座る。開始20分前に来ていた大高は、最初は下座に陣取っていたが、あわてて河合が奥の席を勧めたようだ。

議題は今期目標数字と現状数字の確認と商談の詰め、全社戦略のアナウンス、今後の予定の確認と続く。基本的には榎並が司会進行を行い、メンバーたちは榎並に何か問われると答えていく、というスタイルだ。

クライマックスシーンを描くって何だ?

榎並「はい、では今日話したかったことはこれで全部です。今期はあと2か月。みんなでラストスパート頑張りましょう。あ、大高さん、ここまでご一緒いただいてお気づきのことなどありますでしょうか?」

榎並が会議の最後にそう大高を促すと、大高はやわらかい笑顔をみんなに向けた。

大高「はい、そうですね。みなさん、お疲れさまでした! 今日、初めて参加させていただいたのであえて伺いたいのですが、よろしいでしょうか? 突然ですがみなさんの今月の目標や予算を教えてください」

大高の問いに、全員が沈黙。みんな、目標が言えないのかと榎並が困惑していると、ユリが口火を切った。

ユリ「はい。ええと。坂本と言います。私の今月の目標は6000万円です」

大高「坂本さん。ありがとうございます。ほかのみなさんは？」

再び、沈黙。今度は3秒ほどだったが、榎並が耐えかね、遠山を叱る。

榎並「いつもいつも言ってるじゃん。遠山！」

遠山「あ。榎並課長。そ、そうですね……え〜と、2000万？　あれ3000万だっけ？」

榎並「遠山さー。2000万だよ、も〜」

大高「榎並さん、ありがとうございます。では、坂本さんに伺いますね。さっきおっしゃった6000万円を〝結果〟として、その結果が実現するクライマックスシーンはどんなイメージですか？」

ユリ「クライマックスシーンですか？　大高さん、それはどのように表現すればよろしいのでしょうか」

大高「はい。たとえばですが、6000万円を達成するために、今Q（この四半期）中に、どんな人とやりとりして、最終的に誰が何と言っている状態になっているイメージでしょう。具体的なイメージをお聞かせ願えますか?」

ユリ「えぇっと……。今、大型商談している西川商事の山田部長が『よし、坂本さんのところに決めたよ』っておっしゃっていただくことと、新規顧客のグローバルフーズの小野田取締役が『新店舗の厨房は御社でいくことにしたい』っておっしゃっていただく、って、たとえばそういうことですか?

あ、あとは榎並さんが『おかげでようやくグループ売上目標達成だ!』って喜んでるとか(笑)」

大高「そうそう、そういうことです。加えて、たとえば「決めたよ」って言ってくれる、というところまでOKなのか。それともさらに一歩踏み込んで、坂本さんが仮に山田部長だったとしたら、どんなふうに思えるのが理想でしょうか?」

ユリ「はい。確かに。導入を決めてくださる、ということだけではなくて、その先、当社の製品を利用してくださる店舗の人たちにこういうふうに言ってもらえたらいいな、というのはありますね。

うーん、私が山田部長だったら、か。なるほど……」

大高「そうそう、そういうことです。

お客様の決裁者だけではなくて、キーパーソンや坂本さんのサービスを利用する人たち、その人たちを取り囲む関係者たちがどう言ってくれる状態やシーンを目指したいのかを、映画やドラマのクライマックスシーンのように、できるだけ具体的に、映像が鮮明に浮かぶくらいにイメージしてみてください」

大高は、ユリのみならずメンバー一人ひとりとゆっくり目を合わせながら語りかけるように促した。その大高の穏やかな口調に合わせるように、ユリのトーンも不思議と穏やかになっていく。

ユリ「ええと……、そうですね。

たとえば、西川商事の山田部長が、『いろいろな会社の商品を検討した結果、値段は1割ほど高いけど、坂本さんの提案で行こうと経営会議で決まったよ。現場は今人手不足が深刻なので、少しでも操作がしやすく、また故障が少ないものにしたほうがいいという経営判断になりました』といったことでしょうか」

大高「いいですね。では、何をしたらその結果が実現できますか?」

ユリ「何をしたら……。そうですね～。

現場の問題はわかっているんですが、西川商事は経理担当役員が銀行から来た方でお金にとってもシビアで、何にでも裏づけ、データがないことは判断できないっておっしゃるんです。今困っているのはまさにそこで……。
あ、そうか。会議資料を私が作ろうかな？　そのためには役員を説得できそうなデータ、たとえば求人倍率、現場の採用数値、離職数値、あと、定性情報として現場インタビューして人手不足が深刻であることをまとめればわかってもらえるかも、ですね、きっと。

あと、当社の提案も、操作性がすぐれているので入社したての店舗スタッフでもミスが少なく、故障が少ないので現場の労働時間短縮につながるというポイントを整理すれば。

大高さん、まずは先日伺った現場の声をまとめて、こちら側でも必要なデータ整備をしてみようと思います。それができたら、企画書に落としてまずは山田部長に見ていただき、アドバイスをいただこうと」

大高「坂本さん、いいですね！　あと、もう少し考えたい観点とかはないですか？　たとえば、お客様の経営陣が今大切にしていることとか、担当部長の意向とか、あと競合他社のアプローチとか」

ユリ「ああ、なるほど。考えてみれば、西川商事は歴史のある食品商社なのですが、商社だけでは厳しいということで立ち上げたのが飲食サービスで。飲食事業は西川商事の今後１００年の柱にしたい事業です。なので、当社商品の導入そのものが、西川商事の飲食サービスの向上につながることをアピールしたほうがいい気がします。

あと、今気づいたのですが、担当部長は穏やかな方であまり自己主張するほうではないので、提案書というより経営会議の資料を一緒に作るようなスタイルがいい気がします。競合は……、確かに競合のトップと先方役員は昔からのつながりがあると聞いたことがあるので要注意ですね。一度改めて部長に聞いてみます。

そっか、なんか明るくなってきた！」

大高は、ユリの華やかな笑顔を静かに見守るような表情で受け止めると、メンバー全員にその温かな笑顔が届くように次の句を継いだ。

大高「明るくなってきたのはすごくいいですね。明るくなってきた、というのはもう少し具体的に言ってもらうとどんな感じですか？」

ユリ「ドラマっていうか、物語が動き出していくような感じです。

先ほどまでは、ストーリーとストーリーの間に溝があったというか、物語がつながらないところがあった気がします。なんとなくもやもやしていたのですが、どことどことがつながっていなかったのかがわかってきたので、それを明らかにするためにやることがはっきりしてきました」

大高「すばらしいですね。

今、坂本さんの話を聞いて、ほかのみなさんの感想を教えていただけますか？」
大高は、メンバーを見渡しながら、優しい口調でそう言うと、遠山が口火を切った。ほかのメンバーもそれに続いて、口々に感想を述べ始めた。
遠山「なんていうかすごく面白そうというか、私までわくわくしてきました。私はお客様のこと、そこまで理解できていないです。お客様のところに行って、いろいろと伺いたくなりました」
平木「坂本さんが売上を上げている理由が少しわかった気がします。いろいろな角度から考えているんですね。すごく勉強になりました」
須藤「坂本さんはすごいですね。僕にはイメージがわかないです」
小林「ユリちゃん、さすが！　すごい！　と思いましたねー。大高さんの問いかけもすばらしい！　勉強になりました」
大高「ありがとうございます。榎並さんはいかが思われましたか？」
榎並「そうですねー。坂本さんの実力からしたらこれぐらいは考えられると思って聞いていました。逆にはっきりしてなかったのが、ちょっと不安に思いました」
大高「そうですか。坂本さん、みなさんの感想を聞いていかがですか？」

ユリ「はい。なんかちょっとうれしいです。榎並課長の発言にはちょっとイラッとしましたが、最近数字ばかり追いかけていて営業の中身というか、商談のクオリティが下がっていてあれこれ行き当たりばったりになってたのかな？　と思いました」

イケメン後輩が彼女をつくるにはどうしたらいいか？

大高「すばらしいですね。ぜひ、坂本さん以外のみなさんも、やってみてください。

営業の目標設定において大切なことは、〝数字は活動して評価を得た結果〟であるということです。従って、みなさんが活動し、評価を得た結果の最後の状況を第三者の声、相手の声をうまく活用して明確にすることが重要です。

連続ドラマの最終回のクライマックスシーンを描く。そうすると、そのために自分がやることがよりはっきりしてきます。

人間は、最初は目標や目的があって行動します。しかし、そのために手順を明確にするとその手順通りに物事を進めることが目的になります。これがよくいわれる「手段の目的化」です。これ自体が悪いとは言いませんし、標準化し効率を求めるためにはある意味必要なことです。

しかし、だからこそ、常にゴールのイメージを明確にしておく必要があります」

大高は、ユリの話を整理して、左のように重要なポイントを2つ挙げた。

①目標数値を達成した際の重要なシーンをリアルにイメージし言語化する

目標達成する最後のシーンについて、「クライマックスシーンを第三者の声で表現」する。シーンをできるだけ具体的にイメージし、「いつ誰がどんな発言をしていればその結果が得られるか」を言葉にしてみる。

②プロセスを考える

①を実現するために、何をすれば「その言葉に近づく」かをシミュレーションする。ここで必要なのは、「イメージする力」つまり「想像力と創造力」。未来の姿について、あれこれ自由にイメージしてみることで、すばらしい成果を形にすることにつなげることができる。

大高は、この2点について、すぐに実践できるように具体的な例を話し出した。

大高「たとえば、ちょっと身近な例で話しますね。

私のメンバーに、イケメンですがこの5年ほど、女性とおつき合いしたことがない男性がいます。彼から『彼女をつくるにはどうしたらいいか』と相談されました。みなさんならどう答えますか？」

ユリ「まずは合コン行ったら、とかですか？」

咄嗟にユリが反応する。

大高「そう。そういうことです。ここでポイントとなるのは、『合コンに行くことを目的にしない』ということ。もしかしたら『合コン10回行きました』ということで満足してしまうかもしれませんね。ですがそれでは彼女はできません。

その代わりにこの「イメージする力」を駆使して、『たとえば合コンに行った後どういう状態、イメージになっていれば成功か』を具体的に描いてみてください。4回シリーズのドラマに例えると、最終回のクライマックスシーンを描くことが、彼女ができる状態のシーンを描くこと。そのうえで、1回目のドラマのクライマックスシーンを描くのが、ここでいう「合コンに行った後のイメージ」を描くことになります」

須藤「合コンに行ったときのクライマックスシーンを描くって、どういうことですか?」

大高「たとえば、『素敵だな、と思った女性のLINEをゲットする』とか、『共通の趣味がある女性からまた話したいですねと言われている』といった、ちょっとしたことでいいんです。

ですがそこまでイメージすると、少なくとも合コン行って満足、ということにはなりません。合コン終了時の状態をシーンとしてイメージするのです。私はこれを『クライマックスシーン』と呼んでいるのですが、そのとき、可能であれば第三者の声、相手の声をうまく使うとさらにイメージが具体的になります」

遠山「第三者の声?」

遠山が間の抜けた声を出したが、大高はやわらかい表情のままだ。

大高「はい。たとえば彼がいいな、と思った相手の女性から「次は一緒に映画を観たいですね」と言ってもらえた、とかです。第2回は、一緒に映画を観る、そして第3回は……というふうに物語がつながっていき、同じようにクライマックスシーンを描きながら、4

回目の終了時に彼女ができていればいいのです」

遠山「なるほど！　なんか合コンって考えるとやる気出ます」

ユリ「ねぇ、遠山。ちゃんと理解してる？　なんか誤解してる気がするけど……」

遠山「いや間違えました。僕にはユリさんがいますから！」

ユリ「やっぱりわかってないじゃん。大高さん、こういうことですよね？

たとえば、私たちの営業も終了時に先方に『あーなんか、ずっと困ってたけれど解決策が見えてきた気がするよ』とか、『これで経営会議に稟議あげてみるよ』って言ってもらえるシーンをイメージして、それに向けて試行錯誤するってことですよね？

そうすると、単純に訪問件数をこなして満足、ということにならないっていう」

遠山「あーそういうことか。さすがユリさん。私、ずっとユリさんについていきます！」

ユリ「いいわよ、ついてこなくて（笑）」

いつもは沈鬱と言っていい終わり方をする営業会議だが今日の大高とのセッションは、みな楽しそうだ。遠山のノリのいいリアクションに、メンバー全員が笑顔を見せている。

大高「坂本さん、まさにそうです。通訳してくださってありがとうございます。

普通、営業の訪問目標というと、『週に何件』とかになりますね？　でもそれでは質はどうでもいい、ということになりがちです。

このメソッドを使うことによって、より目指したい状態に向けて工夫ができるわけです。ではみなさん。2週間後にもう一度お会いしましょう。

この後、今お配りした目標設定シートをメールでお送りしますので、記入して私に送付してください。では、またお会いできるのを楽しみにしています」

会議の最後は、大高によって和やかに締めくくられた。

目標設定シート

将来目指したい姿	●お客様　：お客様の　さんが、「　」と言っている状態 ●お客様　：お客様の　さんが、「　」と言っている状態 ●社内　：社内の　さんが、「　」と言っている状態
1年後　目指す姿	●お客様　：お客様の　さんが、「　」と言っている状態 ●お客様　：お客様の　さんが、「　」と言っている状態 ●社内　：社内の　さんが、「　」と言っている状態

	現状	3か月後　目指す姿	6か月後　目指す姿
クライマックスシーン（第三者の声）	①お客様　：お客様の　さんが、「　」と言っている状態 ②お客様　：お客様の　さんが、「　」と言っている状態 ③社内　：社内の　さんが、「　」と言っている状態	①お客様　：お客様の　さんが、「　」と言っている状態 ②お客様　：お客様の　さんが、「　」と言っている状態 ③社内　：社内の　さんが、「　」と言っている状態	①お客様　：お客様の　さんが、「　」と言っている状態 ②お客様　：お客様の　さんが、「　」と言っている状態 ③社内　：社内の　さんが、「　」と言っている状態
結果（数値等自分視点）			
アクションプラン（いつまでに何をするか）	① ② ③		

＜自分について＞　自分らしさ：

強み		弱み盲点	

榎並と大高の振り返りトーク　1月11日　12時30分

え？　俺がダメダメな遠山だとしたら？

大高が初参加の営業会議でのセッションは、大いに盛り上がり、10分ほど延長して終わった。榎並と大高は、そのまま会議室に残り、ランチの時間を利用して今日のセッションの振り返りをすることになった。河合が急きょ用意してくれた弁当を二人でつつきながら、ゆったりとした雰囲気で話が始まった。

「大高さん、今日は本当にありがとうございました。とても勉強になりました」

榎並は心の底から礼を言った。

「それはよかったです、榎並さん、発見されたこととか、お気づきになられたことはありましたか？」

「はい。まず最初に感じたのは、みんなが目標を言えないのが、ちょっとびっくりというか、あきれたと言うか、情けないと言うか。普段から私も再三伝えているのですが……」

「どうして言えなかったと思います？」

「みんな、目標に興味がないんですよね。目標達成しなくても、評価が下がることはあってもクビにはならないですしね」

榎並は大きなため息とともに、吐き捨てるように言ったが、大高はそれを気に留める様子もなく、「なるほど。だとすると、どうしたらいいと思います？」と問いかけてきた。

「どうしたら……。いっそメンバーを変えたいです。でも現実的には無理ですね。うーん。なんで私が言ってることできないんでしょうか。そんなに難しいことは言っていないんですけど。毎週言ってもだめなら、毎日言うかな？」

「毎日言ったら目標が言えて目標達成したいと思ってくれそうですか？」

「……」

「たとえば、もし榎並さんが、見た目も性格も力量も考え方も遠山さんだったら、どうしたら目標を明確に言え、達成したいと思うでしょうか？」

「あー、遠山ですか？　彼はミスが多いし、約束守らないし。ほんと、ダメダメなんです。大高さんもそう思われませんでした？」

「そうですか。それが榎並さんの遠山さんへの評価なんですね。では考えてみてください。もし、榎並さんが、見た目も性格も力量も、そんなダメダメな遠山さんだとしたら、月曜日の朝会でどんなことを考えたり、どんな気持ちで榎並さんの話を聞いていそうですか？」

「えっ？　僕が遠山だとしたらですか。うーん。月曜日の朝、電車の中で、今週もまた始まるな、光山食品の提案は頑張ろう。受注できるといいなー。あ、でも先週クレームがあったから朝会で怒られるだろうな？　どうしよう？　うまく切り抜けなくっちゃな〜。笑顔と勢いで今日も乗り切るか」

「そんな状態のときに、榎並さんが目標数値を話したら？」

「頭に入ってこないですよね。怒られないようにということだけ考えてますもんね。どうしよう……」

榎並はしばし考えてから、ひらめいた、というふうに目を見開くと、

「これはどうです？　彼のほうから宣言させてみましょうか。もし僕が遠山だったら、人前で言ったことは忘れないし、できなければかっこ悪いと思いそうです」

そう言って、榎並は今日初めての笑顔を見せた。

「いいですね。すごくよい気づきだと思います。

他社でもよく起こっていますが、上司が数字を言うのもいいのですが、どうしてもメンバーは受け身になってしまいます。メンバー一人ひとりが自分のこととして認識するためにも本人に言葉にしてもらうのはいいと思います。いわゆる『自分ごと化』と呼ばれるものですね。そのテーマを、まさに自分のこととしてとらえられるようになればしめたものの

です」

大高の話に榎並は大きくうなずき「なるほど、自分ごと化」と反芻《はんすう》した。

どうやるか、何をするのか、本人に考えてもらう

「榎並さん、その際に、『それを実現するためには何をすればよいか、どうしたいか』を合わせて問うのも有効ですよ。

できない理由を聞くのではなく、『どうしたらできるか』という思考ループを習慣づけることで、建設的・発展的に物事を考えることができるようになっていきます。

マネジャーの仕事は、〝メンバーの可能性を最大化〟することなんです」

「メンバーの可能性を最大化する」——その言葉に榎並は先ほどからすっかり動きが止まっている箸を置き、大高に話の続きを求めた。

「榎並さん、マネジャーに必要なのは何かと言うと、メンバーが見ている世界を、メンバーの目線で想像する力と、メンバーの成長に向けた次の一手を想像する力、そのために機会をつくり出す力、そしてコミットメントを引き出す力です。

メンバーの目線でメンバーが見ている世界を想像し、そのメンバーが、将来成長するために、次に何に取り組みどんな力をつけると今の可能性をさらに広げられるか、今の仕事のなかでどんなチャレンジをすると力がつくかを想像します。

それをメンバーと対話しながら、メンバー自らがその必要性に気づき、本気で取り組もうというコミットメントを引き出すのです。

ぜひ、これからは部下とコミュニケーションをとる際に、『今何に取り組めば、可能性が広がるか』『それに取り組みたいというコミットメントを引き出すには、どんな言葉をかけるべきか』、この2点を意識しながら行ってみてください。

ちなみに、波羅ちゃんにも『前言ったよね』って言ってしまうことないですか？　子どもも一緒で、できていないこと、できていないときは早く終えたいものです。

ですので、まず本人に『どうやったらいいのか。何をするのか』を考えてもらう。そしてはっきり言葉にすることで記憶に残り、意欲やコミットメントにもつながりやすくなります」

「メンバーの可能性を最大化する、想像する、コミットメントを引き出す、ですね。ありがとうございます。ぜひメンバーにも、あと波羅にもやってみます」

そう言って榎並は、爽やかな表情を浮かべた。

「榎並さん、よかったです。ほかに気づいたことはありますか？」

「やはり坂本とのやりとりはすごかったです。感想でも言いましたが、あのときは、それぐらいできてないのか！　という感情が半分と、そうか、坂本でさえこういう状態になってるのかという感情でした」

「こういう状態って、もう少し詳しく教えてもらってもいいですか」

「はい、一つのお客さんについてどうアプローチするかを丁寧に考えてないんだなと思いました。いや、もともと彼女はしっかり考えていたからこそ業績を上げてきたのです。ただ、今はあまり考えて営業できてないと思いました」

「いい気づきですね。どうしたらいいと思いますか？」

「大高さんに教えてもらった通り、数字だけでなく、第三者の声を使ってみようと思います。でも、会議でみんなにやると時間がないですよね。うーん……」

そもそも、会議で実現したいことって何なのか？

「榎並さん。そもそも会議の目的って何でしょう？」

「会議の目的ですか。それは、全社方針の連絡と数字の確認、あと今後のスケジュール確認とチーム施策の検討です」

「ちょっと質問、変えますね。会議を通して、実現したいことは何ですか？」

「実現したいことですか。

うーん、それで言うと、業績を安定的に上げられるようにするためのセッティングというか、作戦を練って実現の可能性を高めることでしょうか」

「なるほど。ではそれを前提にしたときに、会議でやらなくてもいいことと会議でやったほうがいいこと、ありそうですか？」

「そうですね。全社方針の連絡と数字の確認、スケジュール確認は、正直、メールでもいい気がします。ただ、遠山のように忘れるメンバーもいるので……。あ、遠山には、個別に私に宣言させて、一緒にスケジュールも含めて話をさせればいいか。すると、メールでずいぶん済みそうですね。

業務連絡系はメールにして、残りの時間を今日のように目標達成のためのクライマックスシーンや、個別のお客様からの受注を得た際のクライマックスシーンをみんなで話してもっといい物語をつくれるようにアドバイスできればいいかもしれません」

朝からずっとどんよりした曇り空のようだった榎並の表情は、雲が少しずつ晴れていくように明るくなっていく。

「いいですね。最初は１ｏｎ１で個人ごとの目標を明確にしてみるのがいいかもしれませんね。それをふまえてみなで進捗《しんちょく》確認、つまりクライマックスシーンに向けて、ドラマの登場人物の声がどう変化してきているかを確認し、最終回のクライマックスシーンに向けて、ほかにやれることはないか、意見を出し合うのもいいと思いますよ」

「そうですね！」いつの間にか、榎並の声のトーンも明るく弾んでいる。

「ぜひ、一度やってみてください。

その際一つだけ。人間は一度言って変わる生き物ではありません。言い続けることがとても大切です。５００回は言わないとわからない、くらいに思っておいたほうがいいです。

今までの習慣を変えるのは簡単ではありません。悪気なく元に戻ります。ですので根気強く、声かけと支援との両方を忍耐強く取り組んでみてください。

大事なことは榎並さんの本気度、信念です」

「５００回ですか……。わかりました。粘り強さは割合自信があります。来週の営業会議から変えてみたいと思います」

「それからもう一点、いいですか？」

「はい、何でしょうか」

「今日のセッションと、私との今の振り返りをふまえて、榎並さんの『マネジメントハンドブック』を作っていただきたいのです」

そう言いながら、大高はファイルケースからＡ４サイズの用紙をとり出した。

I　メンバーが担当業務を行う上での心得（営業としての心得）

1. クライマックスシーンをイメージする

営業の仕事は、売上を上げることである。
売上は、お客様にいい商品だと思ってもらった結果であるが、ついつい、数字だけを考えてしまいがちである。数字のことを考えても、お客様はいい商品だと思ってもらえない。

また、できる営業であっても、数字の会話だけしていると、お客様に対する営業活動を考えることが雑になり、営業の質が低下する。

II　自らのマネジメントの原理原則

1. 見た目も性格も力量も考え方もメンバーだったとしたら

ついつい自分の力量、性格、考え方で、部下を見てしまう。
メンバーは自分とは別人である。メンバーが今何に困っているのか、なぜできないかを、自分のフィルターを通してみても理由はわからない。メンバーになりきる。見た目も性格も力量も考え方も自分がメンバーだとしたら、と、メンバーの立場に立ってみる。

マネジメントハンドブックの中身
「榎並道久のマネジメントハンドブック」より

「これは、榎並さんがマネジメントをしていくうえで大切にしたいこと、持論を書き出してもらい、ゆくゆくはご自身のバイブルにしていただきたい、という趣旨のもので、

Ⅰ　メンバーが担当業務を行ううえでの心得（営業としての心得）

Ⅱ　自らのマネジメントの原理原則

に分けて整理してみてください。たとえば、今日のお話しのなかで、榎並さんが営業として、又はマネージャーとして、それぞれ大切だなと思ったこと、教訓として忘れないように残しておきたいことは何かありますか？」

「そうですね。まず、営業としては、『クライマックスシーンをイメージする』ということです。ついつい数字の話に終始して、その結果、坂本でさえ、お客様のことを考えることが雑になっていました。マネージャーとしては『見た目も性格も力量も考え方も、自分がそのメンバーだったとしたら』と考えること、あと『マネージャーの仕事はメンバーの可能性を最大化すること』ですね。今後メンバーと接する際に肝に銘じたいと思います」

榎並は自分の頭のなかで一つひとつの事柄が、まるでパズルを組み立てるように整理されていくのを感じていた。

「榎並さん、ありがとうございます。今お話しいただいた項目を、『メンバーが担当業務を行ううえでの心得（営業としての心得）』の小項目として位置づけ、整理していただくのがいいと思います。今日気づいたこと以外に大切にしていることを書き出して、今後新

たに気づいたことをつけ加えていくというイメージです。『営業としての心得』は、将来、メンバーに見せて、指導育成に使っていただけると思います。いかがでしょうか？

いずれにしても、ご自身で大切だと思うことを自分の言葉で書いていただければと思います。また、一度に完成を目指すのではなく、言葉にしていただくことが大切です。後からブラッシュアップしていけばいいので、まずは気楽に書き出してみることをお勧めします。毎回私との振り返りのときに拝見して、必要に応じて私も意見をお伝えさせていただければと思います」

「なんだか楽しみになってきました、やってみます」

大高との振り返りが終わるころには、榎並は雲一つない冬晴れの空のような、すがすがしい横顔をしていた。

榎並チームメンバーのランチトーク　1月11日　12時30分

コンサルタントって役に立つの?

榎並と大高とが会議室で振り返りをしているのと同時刻、ユリたちはお互いを誘うともなく、近くの定食屋へ連れ立っていた。ここは、ボリューム満点で味もそこそこ。なにより出てくるのが早い。昼食時に5人で一つのテーブルを囲めるなんてこの日はよほどタイミングがいい。メニューの注文を終え、ユリが話し始めようとすると、案の定、定食が運ばれてきた。

「ねー。みんな、大高さんの話、どう思った? 私、最近いまいち仕事に身が入らないというか、スランプっぽい感じがしてたのよね。でも今日、大高さんに話聞いてもらって、ちょっと我ながら恥ずかしいんだけど、営業って、いろんなことができる仕事だったよね、お客様の本当の課題を見つければよかったんだよね、って思っちゃった」

「僕、コンサルの先生っていうから超冷たい感じの人が来ると思ってたんで、優しそうな方でほっとしました。ユリさんの話、むっちゃ勉強になったっす」

遠山がやや前のめりにそう答えると、その横で須藤が冷ややかに話し始める。

「うーん。僕はまだ、よくわかりませんね。

確かに目標を状態で表すのは有効なアプローチだとは思いましたけれど、一度聞いてしまえばたいした話じゃなくないですか？

僕、そもそもコンサルタントってうさんくさいっていうか、どーなの？　って思ってて。前の職場で、ナントカって有名な大先生を社長が慕っててよく来てたんですけど、まー現場感を無視して結構かき回すだけかき回してたんで。正直みんな、その先生が来たとき用の報告書とか書いてて、マジ終わってんなと思ってました。まぁ、大高さんはその先生よりはイケてそうですけど。まぁこれからが見ものってところですかね」

「こら、須藤！　お前なー、そういうところがダメなんだよ」

それまで食べるのに夢中になっていた小林が、急に顔を上げて須藤にすごんだ。

「そういう小林さんこそいつも頭ごなしじゃないですか。そういうところって、何がですか？　具体的におっしゃっていただかないとわかりませんが」

「あ？　そういう、なんでも斜めに見るっていうかさ、最初から疑ってかかるとこ、かわいくねーんだよ」

「別に私、小林さんにかわいいと思われたくないです」

「別に俺にかわいいと思われなくてもいいんだよ。でもな、お客様にかわいがってもらえない営業なんてクソだ、クソ」

「食事中にそんな言葉使わないでください」

「あーもう、ほんとお前、モテないだろ」

「それ、セクハラだと思いますよ」

「男同士でセクハラもなにもねーだろ」

「いや、今は同性同士でもセクハラに該当するんですよ。以前にも……」

「あーわかったわかった。申し訳ありませんでしたね、撤回します撤回！」

小林がいかにも面倒そうに言い捨てると、

「もう、二人とも親子喧嘩みたいなのやめてくださいよ」

小林と須藤の仲がいいのか悪いのかわからないやりとりに、ユリが割って入った。

「須藤くんも、確かに小林さんにはかわいいと思われなくていいけどさ、お客さんにはかわいがられたほうが得だよ」というユリのアドバイスにも、須藤は「いや。僕はそういう売れ方ではなくて、僕ならではの価値提供、ソリューション力でお客様に評価されたいんで」とまるで子どものように言い返すと、小林が再び応戦した。

「はー、そうですか、須藤君。じゃ、腕を磨くんだな。ていうか、大高さんに勉強させてもらったほうがいいんじゃねーの？　コンサル技をさあ」

「いえ。小林さん、僕は独自のソリューションアプローチを生み出す派なんで。大丈夫です」

「じゃあ、須藤君にはお手並み拝見させていただこうじゃないの。なんかメシまずくなっちまったなー。遠山、ビール頼め！」

「小林さん、さすがにまずいっすよ」と遠山がたしなめると、「冗談だよ、冗談。もー、どいつもこいつも……。もういいわ。客んとこ行ってくる」

小林は、3分の1ほど残っているほっけ定食をそのままに、財布から千円札を出すとテーブルにぴしゃりと叩きつけて出ていってしまった。

「あーあ。小林さん怒らせちゃったじゃん。

須藤君、思ったことをそのまま言えばいいってもんじゃないのよ？

あなた、確かに頭の回転は早いと思うけどさ、相手にその頭のよさが役に立つって思ってもらえてこその営業よ」とユリがいつものように須藤に注意すると、「はいはい、わかりました。すみません。僕が至らないばっかりに。みなさん、貴重なアドバイスありがとうございます」須藤は早口でそう言って話を終わらせた。

定食屋から会社までの短い帰り道、遠山は前を歩く須藤の後ろ姿を見ながら、「須藤さん、もう少し愛嬌があったらもっと売れそうなのになぁ」と思ったが、口には出さないでおいた。

ここで、解説

マネジメントとは、「人をして事を為すこと」

これはいろいろなところで言われていることですが、この考え方がマネジメントの基本となります。ただ、この「人」というのが、なかなかやっかいなものです。なぜなら、自分とメンバーとは、考え方も、感じ方も、すべて異なる「人」だからです。

「人」が「事を為せる」ようにするために必要なことはたった2つ。

①目標設定
②振り返り

この2つです。

「人の成長は何かに挑戦しそれを振り返ることでしか起こらない」とはとある専門家の言葉ですが、これをふまえると、組織における仕事のなかで人を成長させ、高い成果を上げるためには、「適切な目標」が極めて重要になります。

個人の趣味であれば、本人が好きなことに挑戦しても問題ありませんが、みんなで協力して成果を上げる組織においては、「組織の目的・目標を達成するための適切な挑戦」が「目標」になります。

適切な挑戦を設定し、実行し、振り返る。このプロセスのなかで重要なことは、「メンバー自ら　①目標設定　②振り返り　を行うこと」です。

多くのマネジャーの方々が、目標設定・振り返りを「メンバー自身が行うこと」について頭では理解していますが、実際には「マネジャーが、マネジャーのために行っている」ということが起こっている場面が散見されます。

目標とは何か――「数値＋クライマックスシーン」である

いい目標は何かと調べると、一般的に「ＳＭＡＲＴ」というキーワードが出てきます。５つの要素で構成されたＳＭＡＲＴは、非常に重要で合理的な考え方ですが、一方でＳＭＡＲＴにすればするほど、手段の目的化が行われるという弊害を伴います。

数値化は非常に大切です。しかし、数値目標だけの設定では、「何のために」「どんな姿を実現したいのか」といったことが忘れ去られてしまいます。目標達成に意欲的に取り組み、実現していくうえでは、みんなで実現したい本来の姿や、目標を達成した状態を具体的にイメージし共有することがとても重要となります。ドラマのエンディングシーン、クライマックスシーンのように、映像として状態が思い浮かべられるレベルでイメージする。「その場で誰がどんな言葉を発しているのか」、クライマックスシーンを第三者の声で具体的に表現することで、いい目標になります。

目標設定とは、「理と情」　情のヒントはシーンへの共感

仕事における「目標」とは、「会社が実現したい姿の役割と責任の分担」です。言葉は悪いですが、否でも応でもその組織に属している以上、上から目標が降りてくる要素を否定できません。

一方、「目標設定」とは、「設定する」という当事者の能動的な行為というニュアンスを含みます。すなわち活動する本人の「理解」と「納得」、また本人が能動的に取り組みたいという「感情」の要素が必須です。

目標を設定する際、「イヤだけれどどこの会社で働く以上、仕方がない」と〝気持ちはイヤだが理解はできる〟という状態が最低限の状態だとしたとき、「必要

なことはよくわかる。また、これができれば自分もうれしい！」という、〝本人が「やりたい！」という気持ちで高ぶっている状態〟が、最も仕事へのコミットメントが強く、達成の可能性が高いことは想像に難くありません。

組織で活動するのは、機械ではなく人です。人は感情を伴う生き物ですから、メンバーの目標設定の際に重要なことは、理で説得するだけでなく、情で本人が「やりたい」と思える状態をつくることになります。

この際に重要なのが、「リアルなシーン」です。目標を達成した状態をリアルなシーンで描くこと、本人が共感できる姿をどう描くかが、とても重要になります。メンバー自身にシーンを描かせ、言語で共有することで、活動する本人が目標を深く理解し、その実現のために自身がやるべきことを考えるきっかけになるからです。

column

身の丈以上の高い目標設定をすることは○か×か？

近年、グーグルやトヨタなど、圧倒的に高い目標にチャレンジすることに意味があると考えている企業についての議論を見かけます。目標は具体化すればするほど、精緻化すればするほど先が見えなくなることもまた事実です。

一般的には、チャレンジに難関な要素が入れば入るほど達成までの道のりは遠くなりますから、結果的に未達成が続くことで、常に自分や自分たちに対して常に「ダメだ」という認識が身についてしまう可能性もあります。

高い目標にチャレンジする組織に必要な要素は3つあります。

1 目標達成の先に「こういう世界がある」「この目標の先に、今広がっている以上のものがある」ということをメンバーが意識できること。

2 課題達成に向けて適切な他者からの「支援」を受けながら取り組むことができているという感覚をもてること。

3 取り組んでいる本人たちが「やれる」「向かえる(＝今できないことに対しても自己肯定感を高くもって取り組める)」と思えていること。

これらのことをメンバーが実感できるには、日々の小さな成長、本人ですら気づかないであろう小さな成長を、「支援者」がいかに見逃さず、日々フィードバックし続けられるかが重要であり、これが本人の成長に寄与します。

このとき、支援者側に必要なのは、「自分の考え、価値観をいったん脇に置いて、メンバー本人のパースペクティブ(視座)で世界を見る」こと。つまり自分が、相手の見た目、考え方、スキル、経験であったとしたら、どう考えるだろうか、という視点、相手の立場で思考や感情を巡らすことです。

この力を培うことで、ほんの小さな成長や、考え方の進歩を、支援者側も本人起点で見出すことができるのです。

第3章

20XX年1月25日

わずか2週間での変化

榎並チーム、大高との第2セッション　1月25日　9時

「ミチ、最近なんだか顔色いいね。行ってらっしゃい！」そう奈美恵が榎並を送り出そうとしたとき、「パパ、いってらっちゃい！」と急に波羅が抱きついてきた。いい匂いのする波羅を抱きしめ返し、元気をもらう。今日は気持ちのよい冬晴れになりそうだ。

榎並は家から駅までの道すがら、確かに以前よりも体が軽い自分を感じていた。ひょっとしたら気のせいかもしれないが、最近少しずつ課の雰囲気が和らいできているように感じる。心なしか、メンバー一人ひとりとのコミュニケーション量も増えてきたのではないだろうか。

しかし……。残念ながら、営業成績はまったく変わらない。みんなの行動量も、変わっ

たようには見えない。大高さんを交えての最初のセッションから2週間。大高さんに焦りは禁物と言われたが、ここで焦らないでいられる人間は、果たしてこの世に存在するのであろうか。

今日は大高さんと榎並チームの2回目のセッションの日。午前中の会議室の雰囲気は、榎並の目には明らかに2週間前とは異なって映っている。

お客様の役に立つことを考えるようになったら

大高「みなさんこの2週間、いかがお過ごしでしたか？」

メンバー全員が耳を傾ける態勢になったことを確認すると、大高はいつも通り和やかにみんなを促した。すると、意外なことに平木が真っ先に手を挙げて話し出した。

平木「私は、先々週に目標設定シートを記入してみて、ここのところずっと、営業数値のことしか考えておらず、お客様の役に立つ、という本来とても大切なことがおそろかになっていたような気がして、すごく反省しました。あと、すぐ『どうしたらいいですか』と榎並課長にも、お客様にも聞いていたような気がしますが、それも同じ理由です。

最近、榎並課長から『平木君はどう考えるの？』と聞いてもらえるようになって、まだまだですが、どうしたらいいだろう、って自分で考えてみたいなと思うようになりました」

ユリ「平木君が最初に発言するなんてこのチーム始まって以来じゃない!?　すごいね、どうしたの」

平木「ユリさん。確かにそうかもですね。なんだか仕事が楽しくなってきまして」

大高「平木さん、それはいいですね！　何がその平木さんの変化をもたらしたのですか？」

平木「あ、はい。そうですね。先ほども申し上げましたが、今までは目標数字がいくらいくか、ギリギリ１００％達成すればいいや、としか考えてなかったんです。でもそれではいけないいな、と。どうしたらお客様のお役に立てるか、というふうに考えるようになってから、『もっとこうしたほうがいいかな』『こんな提案してみよう』と思えるようになりました」

いつになく力強い平木の発言に、遠山が反応する。

遠山「平木さん、なんかかっこいいっす。私ももっとお客様の役に立ちたいです」

遠山がそう述べると、ほぼ脊髄反射、といった体《てい》でとっさに榎並が反応した。

榎並「遠山。お前はその前にミスをなくすことだな！

あ。ごめん。せっかくやる気になってるのに、俺、ダメダメだな」

ユリ「あはは。でも、自分で気づくようになったのは進歩じゃありませんか、課長。私も目標設定シートに記入して、自分のなりたい姿とか、具体的な行動がものすごくクリアになった気がします」

大高「いいですね。須藤さん、小林さんはいかがですか」

須藤「んー。一応書いてはみたんですが、いまいちしっくりこないというか、イメージがわかないというか。そもそもなんでこれを書くのかがちょっと私はいまいちまだ呑み込めてないです。何のためにこれをやっているのでしょうか」

小林「須藤は本当になんでなんで星人だなぁ。こういうのは、とりあえず書いてみるのが大事なんだよ」

大高「そうですね。そういう側面もありますね。小林さんは書いてみて、改めて発見されたことやお気づきになったことなどありそうですか」

小林「いやー。まぁ勉強になりました。さすがコンサルタントの先生は違いますよねぇ」

小林はお得意ののらりくらりした発言で応じたが、大高は気に留める様子もなく笑顔でさらに問いかける。

大高「ありがとうございます。もしよろしければ、勉強になった、と思われた点と、今後お取り組みになりたいこと、それぞれ教えていただけますか」

小林「んー。そうですね。この『クライマックスシーン』を、お客様と会話すれば共通の目的ができるな、と。なのでちょっとお得意さんの役員にうまいこと話してみようかと思います」

大高「それはすばらしい。さすがですね。具体的には、どんなことをお話しになろうと考えていらっしゃいますか」

小林「そうですねー。たとえば日動通商さんという会社がありまして。

今年は、とある新業態の開発が社長案件になっているそうなんですわ。ただ、売上規模は掲げられているものの、まだ具体的な構想はこれからのようだったので、その開発がうまくいったころ……、たとえば3年後の今日のシーンってどうなってる？　みたいな話を、担当役員としてみようかと」

お客様と一緒に理想のクライマックスシーンを考える

いつになく小林が真面目に答えると、榎並がうれしそうな様子で二の句を継いだ。

榎並「なるほど。確かにこれ、自分たちの目標設定だけではなくて、お客様とのコミュニケーションツールにしたら、百人力ですね。正直、気づきませんでした。こういう会話がお客様とできたら、競合他社は入る隙がありません。さすが小林さんです」

小林「え、そう？　褒めすぎじゃないかな。ははは」

大高「須藤さんは、いかがですか？」

須藤「はい。確かにお客様と〝お客様のお客様にどんな声をもらいたいか〟を言葉にして合意すれば、そこに向けて何をすべきかを一緒に考えることができますし、先方が本当に実現したいことを丁寧に追えれば、製品の値引き額云々ではないところで競合と差別化できると思います。

そうした共通目的をお客様と設定することで、それに向けたPDCAを一緒に回すことができるので、お客様といわゆるパートナー関係になれるってことですよね。

小林さんのお話のおかげで、まだぼんやりとですが、イメージがつかめてきました」

小林「お、須藤もたまにはかわいいこと言うじゃんか！」

小林が少し照れながらそう言うと、大高は一層の笑顔を見せながら須藤に返した。

大高「それはよかったです。今、須藤さんがＰＤＣＡとおっしゃってくださいましたが、まさに今日お伝えしたかったことは、到達像を第三者の声で明確にすることで、目標をきっちり言葉にし、その実現に向けたＰＤＣＡサイクルを回すことの重要性です。

お客様とＰＤＣＡを回すことも大切ですし、ご自身がイメージしたクライマックスシーンに向けて、日々のプロセスを振り返っていただくのも有効です」

須藤「ああ。確かにそうですね。なんだかクリアになりました。やってみます」

大高「いいですね！　具体的に、どのお客様に話してみたい、というのはありますか？」

須藤「そうですねー。スリードッツピザさんかな。今期は予算ないって言ってたんで、足が遠のいてしまっていたんです。

今まで話の糸口みたいなものをつかみかねていたんですけど、『〇年後の理想的なシーン』であれば、どんな方とでも話ができそうです。これを機に、ちょっと訪問回数が減ってしまっている顧客をリストアップしてみたいと思います」

ユリ「須藤、頭いいねー。確かにそうだわ。私もそうしよ」

大高「いいですね。今の小林さん、須藤さんのお話は、この『クライマックスシーン』というツールを、さまざまなジャンルに応用して使ってみよう、という試みですよね。その姿勢、すごくすばらしいです。ぜひみなさんも、いろんな場面に応用してみてください」

小林「かみさんに3年後の理想的なシーンは？　とか聞いたら『あんたと別れてる』とか言われそうですけどね」

第2回のセッションは、小林の得意のおやじギャグで和やかに終わったのだった。

大高、榎並の振り返りトーク　1月25日　12時

3つの心がけで、変わったこと、変わらなかったこと

予定通りの時間にセッションを終えた後、榎並は大高との振り返り用に用意した会議室に着くまでの時間も惜しいといった面持ちで、歩きながら急《せ》くように大高に話しかけた。

「大高さん、今日も本当にありがとうございました。いやー、前回にも増して、今日は気づいたことがたくさんありました」

「それはよかったです。どんなことにお気づきになりましたか」

到着した会議室の席にゆったりと腰かけると、大高はいつもの穏やかな表情で問いかけた。

「はい。この2週間、私はできる限りメンバー一人ひとりの立場に立って……。そう、『私自身が相手の見た目、性格、力量だったら』と想定したうえで、想像力を駆使しながら話すこと、目標を達成したシーンを第三者の声でイメージしてもらうこと、ダメな部分ばかり指摘せずに『ではどうやったらいいのか』という質問をすること、以上を心がけてきたのですが、その成果が少しだけ出てきたのかなと。

特に平木の変化は、すごくうれしかったです。あと小林さんの発言はいいなと思いました。いつも私は小林さんに対して、どこか遠慮っていうか、どちらかというと私のほうがあきらめてしまって、彼がのらりくらりし始めるとそこでコミュニケーションをとるのを終えてしまっていたのですが、大高さんがもう一歩突っ込んだ質問をされたら、ほかのメンバーからはまず出てくることのないような発想が出てきました。

私自身、すごく勉強になりまして、自分が新人時代、小林さんにいろんなことを教えていただいたことを思い出しました。

今日はいつになく小林さん、うれしそうだったので、そうか、あんな歳でも人に褒められたらこんなにうれしそうな顔するんだな、それは確かにうれしいものだよな、って発見がありました」

「そうですか。ある意味ご自身の価値観をいったん脇に置いて、小林さんの視点で物事を考えてみることができたということではないでしょうか。それは相当な進歩です。

『内省』というのは自分の考えや行動を深く省みることをいいますが、これをメンバーに促すことが重要です。一般的には『反省』と混同されがちですが、違います。

反省は自分の間違った考えや行動を振り返ること、内省は自分自身と向き合い、よりよい未来に向けて自分の考えや言動を振り返り、気づきや学びを得ることとです。

メンバーの内省を促せるときというのは、こちらが客観的な立場や視点に立っているときではなく、自分が相手の視点に立って『自分が◯◯さんだったらこういうふうに感じるなー』といった、ある種のゆるやかさをもって応じることができたときと言えます。

それに、確かにいくつになっても、人は他者から認められるとうれしいものですよね。では、この2週間のご自身のマネジメントを10点満点で評価すると、何点だと思いますか？」

「え。10点満点ですか……。そう言われるとなぁ。6点、でしょうか」

榎並はやや照れながら、自己採点の点数を口にすると、大高は、表情を変えることなく、その理由を尋ねた。

「では、6点に加点した理由と、逆にマイナス4点の理由をそれぞれ教えていただけますか？」

「そうですね。6点とした加点理由は、先ほどお話ししました通り、できる限りメンバー一人ひとりの立場に立って話すこと、目標像を第三者の声でイメージしてもらうこと、ダメな部分ばかり指摘せずに『ではどうやったらいいのか』という質問を心がけてきたので、その心がけはよかったかな、と。

一方で減点理由は、メンバーが即答できないと自分で答えを言ってしまったり、待てずにイライラしてしまったりすることがありまして。いらだっている自分をコントロールしなくては、とは思うようになった気はしますが」

「確かに先ほども、遠山さんに対してミスをなくそう、ってお話しした瞬間にご自身で気づいて修正していらっしゃいましたね。

先ほどのように、その瞬間に気づけるというのはかなり高度な技です。いいですね！まずは意識できること、これが大事ですから、とても大きな進歩だと思いますよ」

「そうですか、大高さんにそう言われるとなんだかうれしいです。

確かにできるだけメンバー自身の考えを聞こうと心がけるようになってから、メンバーの表情に敏感になりました。さっきも遠山が『え！』って表情をしたので、すぐに気づいたんです」

目標達成は、思い入れじゃなくて思い込み

「それと、コーチングというものに対する印象というか、考えが変わりました。

以前は正直、『コーチングって意味ないんじゃないか』って思っていたところがあったんです。コーチングって、相手に答えがある、っていいますよね？　たとえばメンバーが『無理です』って言ってきたら『そうかー』って返すのかと思ってました。

でも実際、相手の中に正解がある、ってそういうことではないんですね」

「そうですね。往々にして『無理です』とか『できないです』っていう答えが返ってくる場合の上司側の質問の特徴として、どのようなことがあると思われますか」

「えっ、なんでしょう。うーん。あ、『〇〇できる？』って、ある意味聞いているこっちに答えがある聞き方をしてるってことですかね？

私はいつも結局、自分のやってほしいこと、望ましい正解があって、それをメンバーに答えてほしいという考えをもとに、メンバーとコミュニケーションしていた気がします。結局、『自分で考えてほしい』とか言いながら、私が答えをいつも先に言ってしまうようなところもあったかもしれません。

まだ想像力がないというか、相手の立場に立てていないんですよね、きっと。どうしても自分の枠組みで考えてしまいます。あと、やっぱり私自身が数字を求める発言をしてしまっているといいますか」

「確かによくある誤解なんですが、コーチングはあくまで手法、手段であって、マネジメントの目的は『部下の可能性を最大化する支援をする』こと、機会をつくりだすこと、です。それを、組織の目標と統合していくこと。これが最も重要だと、私は考えています。それを可能にするための想像力であり、創造力です」

「なるほど。うーん。もしかしたら、メンバーの可能性を私自身が奪っているというか、つぶしていたのかもしれない、と思えてきました」

榎並は、必死にこれまでのメンバーとのさまざまなやりとりを思い出していた。そんな榎並の様子を見ながら、大高が優しい口調でゆっくりと切り出した。

「それは大事なお話ですね。『メンバーの可能性を自身でつぶしていたかも』とはどういうことか、もう少しお聞かせいただけますか？」

「はい。ええと。あの、私は業績達成を焦るあまり、メンバー一人ひとりの可能性には、正直目を向けられていなかったように思います。

極論ですが、目標数字さえいってくれればいいと、思っていたふしすらありますし、『なんでできないんだ』『なんで俺が言う通りにみんなやらないんだ』って正直感じていました。

平木がいい例です。私自身が、平木に数字のことしか求めていない、聞いていなかったことが、平木をああいうふうにさせていたんだな、って思いました」

「なるほど。でも、今は目標達成について、そしてメンバーとのかかわり方について異なる角度でとらえるようになられたと」

「はい。目標数字の達成は、やはり大事だと思います。私たちは、組織で働いていますから。ですが、それ自体が自己目的になってしまっていては、本末転倒だなということに気づきました。

普段私は、メンバーにビジョンを語っているつもりでしたが、実際はビジョンではなくて達成数字の話しかしていなかった。〝仏作って魂入れず〟とはこのことで。まだまだ機会をつくりだす力が私には欠けているようです」

「そうですか。目標数字の達成ということに関して、そこには何か、榎並さんのある種の思い入れ、みたいなものがあったということでしょうか？」

「思い入れ……。いや、思い込み、だったと思います。

そうか。みんなに悪いことしちゃったな。

私は業績達成ばかりをメンバーに求めていました。マネジメントの本に、『業績達成とメンバーの成長は両方大切』と書いてあったのを読んで、当たり前じゃん、と思っていたのですけれど、どうしても業績が厳しいなかでは、つい数字のことばかり追いかけてしまっていたし、それしか頭になかったように思います。

本当は、みんなで成長したいって、ちょっと青臭いけど思っているので。明日の朝会で思い切って、みんなに今の私の心境を聞いてもらおうと思います」

榎並は話しているうちに、霧が晴れてきたような表情になっていった。

クライマックスシーンでメンバーからどんな声をもらいたいか

「大きな発見があったんですね。明日、どのようなことをみなさんとお話しされるイメージですか？」

「そうですね。まずは、今日のセッションの感想をみんなに聞こうと思います。そのうえで、私自身が気づいたこととして、これまでみんなに数字の話しかしていなかったことに気づいたことを伝えます。

ちょっと恥ずかしいですが、みんなで、私も含めてこのメンバーで一緒に成長していきたいと改めて思った、ということも話してみようと思います」

「いいですね！　そうした、榎並さんの心のうちをメンバーにお伝えになること、『自己開示』といったりしますが、それによってチームに安心感が出てきます。この場では自分の胸の内を素直に話していいんだ、とメンバーのみなさんが感じる場づくりができることは、一人ひとりの成長につながりますから、すごくいいことだと思いますよ。

　では話し終えた後、明日の朝会のクライマックスシーンで、メンバーのみなさんからどんな声をもらいたいですか？」

「あ、そうですね！　そうやって考えるんだ。

　ええと。遠山がまず反応してくれるかな。

『榎並さん、僕頑張ります。やる気で出てきました！』って言ってもらえたらうれしいですね。さらに、具体的にどう頑張るかも話してほしい（笑）。

坂本や小林からは、『ちょっと見直したわよ』って言ってもらえたらいいですかねー」

「そうですか。いいですね。あと、個人的に私が感じたことをお伝えしていいですか？

想定されている遠山さんの反応は、遠山さん自身がどうしたいか、についての言及ですね。ですが坂本さん、小林さんについては、榎並さんをどう思ってもらいたいか、になっているように聞こえますが、それでよいですか？」

「あ。ほんとだ。それではいけませんね。そうか……。みんなで一緒に助け合って頑張ろう、お客様のもっと役に立ちたいって思ってもらえるほうがいいですよね。

　できればやる気になってもらいたいし。あと、私が数字のことばかり言いそうになったら指摘してもらうようにしたいと思います」

「いいですね。では明日、頑張ってくださいね。あとは気になっていらっしゃることはありませんか」

大高は榎並にそう伝えると、ほかに問題がないかどうかを確認した。

「あ、あとは、須藤と河合です。特に須藤ですかね。河合は、いずれにしても時間がかかる気がしていますので」

「具体的には須藤さんについて、どのあたりが気になっていらっしゃいますか」

「先日も1on1を実施したのですが、どうにもこうにも、噛み合わないというか。話が続かないんですよ。」

榎並は一転して、また元の曇りがちな表情になり、ため息とともにそうつぶやいた。

「噛み合わない？」

榎並の心情を察してか、大高はこれまでと同じ穏やかな口調で尋ねた。

「そうなんです。私が何か言うと、すぐ『なぜですか？』『どうしてやらないといけないんですか？』となるので、正直私自身も辟易しちゃうというか、どうしたらいいかわからなくなってしまう。『そんなのいちいち考えていたら何も進まないじゃないか』と思っちゃって。

今日みたいに、一度彼の腑に落ちれば前向きに考えてくれることはわかっているのですが、どうもうまく彼に合点がいくような説明、コミュニケーションが私もできなくて……。


だからなのか、必要な行動量が足りなくて未達が続いているんですよね。それでさらに、私も彼とコミュニケーションをとるのが億劫になってしまっているんです」

「そうですか。どうしたらいいかわからない、ですか。では一つ提案ですが、一度、榎並さんと須藤さんの１ｏｎ１に、私も立ち会わせていただいてよろしいでしょうか？」

「え、そんなことまで大高さんにしていただいてよいのでしょうか」

「もちろんです。ではいつにしましょうか」

「毎週金曜日の15時から30分、須藤との１ｏｎ１を入れているのですが、ご都合いかがでしょう」

「あ、ちょうど今週、そこだけ空いています。では明後日、27日の金曜日、15時に伺いますね」

大高に同席してもらえることになり、榎並は難敵、須藤との間に横たわる、目に見えない溝が少しでも埋まるのではないか。そんな期待を胸に、大高を見送った。

第4章

20XX年1月27日

難敵！　サイボーグ

榎並、須藤の１ｏｎ１に大高立ち会い　２０XX年1月27日　15時

榎並と大高が向かった会議室では、すでに須藤が待っていた。大高が同席するのを伝えていなかった榎並はいつもよりもややわらかな表情を心がけながら、「須藤君、今日は大高さんにも同席いただいて、１ｏｎ１をやることになりました。でもいつも通りでいいので、緊張しなくていいよ」そう須藤に語りかけた。

須藤はやや緊張した面持ちで、「あ、はい」と返事をして、席に着く。

「じゃあ、早速始めようか」と榎並は切り出した。

「まず、いつも通り今月の目標と、前回設定したこの1週間の目標は何だったたっけ？」

「はい。今月は４５００万、前回設定した目標は、訪問件数35件、商談化率50％、それか

ら太平企画の高須部長と『現状の当社商品の課題を伺ったうえで、半年後の店舗クルーのみなさんの声を一緒に考えてみる』、でした」

「で、どうだったかな？」榎並は極めて穏やかな口調を心がけている。

「はい。訪問数は、80％くらいできました。あと重点取り組みについてですが、高須部長との面会はかなわず、まだ話せていないです」

「そうか。須藤としては、どうしたらよかったと思う？」

「はい。高須部長には、もう少し早めにアポをとらなくてはいけなかったと思います。あと訪問数に関しても同じです」

「そうか。では、早めにアポをとるためにどんな行動ができそう？」

「うーん。どうでしょうか……」

もし答えがあるなら、先に言ってもらえませんか？

須藤が数秒ほど沈黙すると、「もう待てない」といった様子で榎並が畳みかけるように言った。

「たとえばさ、週の初めの月曜日にまとめてアポとるとか、アポどりのための時間を確保するとかってどう？」

「あ、はい」

「あとはさ、たとえば昔、俺が工夫してたのはね、アポとアポとの移動の合間に電話する、っていうのをやってたな」

「あ、はい。じゃあそれをやってみればよいのでしょうか。……あのぉ。一点、よろしいですか？」

「なに？」

「もし榎並さんに答えがあるなら、先にそれを伝えていただけたらいいのかな、と。毎回、質問していただきますが、結局榎並さんには答えがありますよね？　だったらそれを先に言ってくださったほうが、私も正直、楽なのですが」

須藤は表情に欠いた声で、大高が居合わせていることも特に気にならない様子でそう言った。榎並は何かに気づいたように、「あ。ごめん……。別に俺の言うことは答えじゃなくて、参考にしてもらえたらな、ってことなんだけど」とあわてて説明したが、須藤は「はぁ、そうですか。わかりました」と気のない返事をした後、「すみません、私スリードッツピザの部長から急に呼ばれてまして、もうよろしいでしょうか」と言い出した。

「え。そ、そうなの？　じゃ、じゃあしょうがないね。気をつけて行ってきてください」

榎並は、面接を中断する須藤の突然の申し出に、驚くと同時に正直ほっとした様子で、力なくそう答えた。

大高、榎並の振り返り　1月27日　15時15分

振り返りの目的って何だ？

須藤とのあっという間の1on1を終え、キツネにつままれたような気分の榎並に対し、大高はいつもと変わらずやわらかい表情で声をかけた。

「榎並さん、お疲れさまでした。今の面談、自己採点で何点ですか？」

「はい。3点ですね。加点理由は、一応、問いかける形にはしていたことです。あと、待とうとは心がけました。ですが、須藤が考えているのに待ちきれなくて、自分で回答というか、やり方を話してしまったのが問題だったかなと思います。須藤から、『なんなら答えを言ってくれ』と言われてしまいました」

「そうですね。では、須藤さんが考えているのに待ちきれなくなって、榎並さんが話をしてしまったときのことをじっくり振り返ってみましょうか。

あの場面、待ちきれなくなって話をしてしまったとき、榎並さんは、どんなことを考え、どんな気持ちでしたか？」

「はい……。あのとき、こんな言い方は自分でもどうかと思うのですが、正直、頭の回転がなんて遅いんだろう、って思ってしまう自分がいました。あと、普段からもっと考えておけよ、とか、ついついいらだってしまって声を出したと思います。あとは、早く答えを言ってよと思っていたと思います」

「そうですか。では、本来、今日の面談が終わったときに、どんな状態になっていたら合格点を出せましたか」

大高は姿勢をすっと正すと、榎並にそう問いかけた。

「そうですね、理想的なのは、先週1週間を反省し、〝次の目標達成のために頑張るぞ〟と思ってもらうのが理想でしょうか。最低でも、同じ失敗はしないと思ってほしかったです」

「なるほど。振り返りは反省と理解しているんですね」

「はい」

「では、成功したことからは学ぶべきことはないですか」

「成功から学ぶ、ですか……。確かによく成功体験が大事だと言いますよね」

「そうですね。まず、改めて、振り返りの目的を考えてみましょう」

「目的ですか？　……ええと、ダメだったことの原因を明らかにして、同じ失敗をしないようにすること。あ、あと、うまくいったことの要因を明らかにして、成功体験にすること、ですかね」

「なるほど。もっとシンプルに言うと、何でしょう」

「シンプルに、ですか。うーん。今後よりよくできるように……かな？」

「振り返りが終わったときの気持ちはどうですか？」

「気持ち、ですか？　うーん、反省してほしいですけど、ドヨ〜ンとしてもしょうがないですね。次は頑張るぞと思ってもらえるのがいいのかな」

「そうですよね。振り返りの目的を聞くと、原因分析、課題設定、アクションプランを明確にすることと言う人が多いです。ただ、これ自体は間違いではないと思いますが、最終的には人の成長が目的です。失敗したことを問い詰めてへこんでも成長の一歩を踏み出さないと意味がありません。

つまり、抽象的ですが『未来のため』『未来をよりよくするため』と言えると思います。同じ失敗をしないために〝理の振り返り〟、つまり原因分析と課題設定、アクションプランが大切です。でも、同じように大切なのが〝情の振り返り〟です。これは、振り返りを終えた際に、前向きに第一歩を踏み出そうという気持ちになることです。うまくいったこともしっかり振り返って、自分は次に同じ状況になってもできるんだと思うことが重要ではないでしょうか」

「なるほど、確かに、今日もそうでしたが、私が振り返り面談をすると、メンバーがドヨ

～ンとしていることが多々ありますが、大高さんとの振り返りはいつも元気になって終わっている気がします。あれ、何が違うんですかね」

「何でしょう（笑）。榎並さん、何か小さいことでもいいのでお気づきのことなどありますか？」

榎並が心底不思議だと言わんばかりに、大高に答えを求めると、逆に大高に質問されてしまった。

振り返りは、自分の気持ちと向き合うこと？

「うーん。大高さんは、質問をたくさんしてくれますが、こうしろとは言わないことかな。あと、相手の気持ちを聞くこと、そのあたりが私と違うかもしれない」

「なるほど。では、面談される側の違いを少し考えてみましょうか。今日の須藤さん、榎並さんとの1on1で、どのように感じたと思いますか」

大高はそう言って、先ほどまで須藤が座っていた席に移動したうえで、榎並に問いかけた。

「え。須藤がどのように感じていたか、ですか」

榎並は天井を見上げて、しばらく考え込んだ。

「うーん。やっぱり、『榎並さんの思い通りにやればいいんでしょ』って思われたかもしれないです。あと、彼も言ってましたけれど、『答えがあるなら言ってくれよ』と。なんていうか、やる気がそがれるというか」

「そうですね。私との面談のとき、榎並さんはどんなことをいつも感じていますか」

大高はまた先ほどの席に戻り、榎並に問いかけた。

「僕は、どうしたらいいかな？　もっとどうしたらいいかな？　と考えているように思います」

「須藤さんと何が違いそうですか」

「うーん、大高さんの面談の際は、私は自分と会話してる感じでしょうか。大高さんにどう思われたいかとか、大高さんの存在がほとんど出てこないですね。うまく言えないのですが、須藤は、きっと私に説明している感じだったように思います」

「榎並さん、いい気づきですね。実はそこが最大のポイントなんです。

業務の振り返りは仕事を理性で振り返ることが重要です。しかし、人の振り返りの際は、自分の気持ちと向き合うことが極めて重要なんです。

特に、新人、今のメンバーでいうと遠山さんですが、もしかしたらまだ業務を覚えないといけないことが多いので、彼には理性的な振り返りが最重要かもしれません。

ただし、たとえば小林さんのように、ベテランの人であれば、どうすべきだったかはやる前にわかっていることが多いですよね。わかっていてもやれなかった、やらなかった、といったことが多いです。これは合理的に振り返っても実は成長につながりません。なぜなら知っていること、経験のあることだからです。

わかっていてもやらなかった、やれなかったのは、自分自身の奥底にある考え方や価値観、ものの見方などがカギになります。無意識のうちに当たり前のようにやっていることの中に答えがあるのです。それを知るために、本人の心の内面と向かい合うこと、すなわち振り返り、内省が有効だと思っています」

「なるほど。だから、私は大高さんと面談していただくと、元気に頑張ろうと思う半面、無茶苦茶頭を使って疲れた〜という感覚になるんですかね。あ、イヤだという意味ではないんです、ほんとに普段使ってない頭を使って心地よい疲れというか……」

「ありがとうございます。そうですね。まさに私も完璧ではないですがそういう状態を目指して面談していますので、素直にうれしいですよ」

大高はうれしそうに笑みを浮かべると、話を須藤のことに戻した。

できないことではなく、できていることに目を向ける

「せっかくなので、須藤さんとの面談をもう一度振り返ってみましょう。

須藤さんが考えているのに待ちきれなくなって、榎並さんが話をしてしまったとき、『正直、頭の回転がなんて遅いんだろう、普段からもっと考えておけよ、イライラした。早く答えを言ってよと思っていた』と話してくれましたね。

では、もしもう一度同じ場面に戻れるとしたら、どうしますか？」

大高はまた須藤の席に戻り、榎並に問いかける。

「そうですね。理想的には、この1週間でできたこと、できなかったことをふまえて、次は頑張ろうと思ってほしいので、まず、できたことを聞きます。

あと、1週間どんな気持ちだったかを聞いてみる。そして、できなかったことの原因と対策、あとそれに対する気持ちですね。これを聞いてみたいです。

須藤は早めにアポイントをとればよかったって言ってたけど、わかってるのになぜアポをとらなかったのだろう。何が邪魔してたんだろう」

「いいですね。彼がどんな気持ちだったか、想像してみてください。須藤さんにもぜひ聞いてほしいです。

では、少し難しいですが、ついつい我慢できずに話をしてしまった少し前の榎並さんの真の課題は何だと思いますか？　もしイメージしにくければ、少し前の榎並さんのような他人が目の前にいたら、その人の課題は何だと思いますか？」

大高は、今度は今まで誰も座っていなかった席に座り直し、榎並に笑顔を向けた。

「うーん、その人の課題ですか……」

「はい」

しばらくの沈黙の後、榎並は記憶を辿るようにゆっくりと語り出した。

「その人、つまり僕自身は、須藤は考えていない、考える力がないと思っていたのではないでしょうか。自分のほうが考える力があると思っているのかもしれません」

「自分のほうが考える力があると思っていることが課題、だとすると……」

そこまで大高が言うと、「そうなんです。冷静に須藤を見ると、考える力がないわけではない。力がなければ今もっと業績は悪いはずです。要は、私が須藤を信用していないんだと思うんです」と榎並は言って、2度ほど大きくうなずいた。

「なるほど。須藤さんを信用していない」

「はい。以前ユリにも言われたことがあるんですが、須藤に限らず、メンバーのことを本当には信用してないんですね、きっと。なんというんでしょう、まったく信じてないというのではないのですが、信用しきれていない。これが真の課題だと思います。

今いろいろ思い出していたのですが、須藤は常に『なぜですか？』と問う習慣があります。きちんと理解して考えようという姿勢だと思いました。理解できればどうするかも考える力があると思いました。

にもかかわらず、面談で須藤が発言しないのは、いつも最後に私が自分の意見を言うからだと思います。それもイライラした態度で。意見や選択肢があっても、私に言わないだけってことのような気がしてきました。須藤は、私が納得する答えを探していたのかもしれません」

「そうかもしれませんね。自分の振り返りをしているというより、須藤さんは榎並さんが納得する、榎並さんのための振り返りをしていたのかもしれません」

「須藤についても、私が可能性を奪っているということですよね？　なんてことだー」

思わず榎並は両手で顔を覆った。頭の中は、自分が須藤に浴びせた数々の、そして浅はかな言葉で溢れ、締めつけられそうになっていた。

「榎並さん、大丈夫です。もし本人の主体性を促したいのであれば、安心・安全な場、つまり間違いや失敗を許容する風土とセットにすることが大事です。

メンバーからすると、『自由に考えていいよ』と言われていながら、何か発言したら『いやそうじゃなくて』なんて言われたら、やる気なくしますよね。言葉は悪いですが、上手にメンバーのやる気を奪っている状態です。

メンバーが主体的に仕事をしたがっていない、楽しみを見い出せていない状態、上司は自分のことを信頼していないとうすうす感じている状態で『どうしたい？』と聞かれても、結局本人は自由に思考を巡らすことができません。

そのうえ揚げ句の果てにマネジャーに『こうしろ』と言われるのがわかっているとした

ら、積極的に自分であれこれ考えようとしないのは普通ですよね」

「頭が痛いです。ダメですね」

「いや、榎並さんは確実に前に進んでおられます。だって以前は、無意識にされていたことを今は意識することができていますし、コントロールしようとされていますよね。これは本当に大きな変化です。

自身の言動とその意図を意識化できるようになれば、それをコントロールすることができるようになりますから。言動の意図を意識できるようになることは、本当に大きな一歩です。なかなか最初は難しいものですから、あまり悲観的になりすぎないようにしてください」

大高の言葉に、榎並はようやく両手を顔から離し、深呼吸をしてから大高のほうに向き直った。

「榎並さん、おさらいですが、人はどうしても欠点とか、できていないところに目が向きがちですが、実はできていること、部下の〝可能性〟に着眼し、それを最大化するために、『次の一手は何か?』を意識することのほうが大切です。ご自身に対しても、同じで、できないところばかりでなく、できている点を見つけ、自分で自分を認めてあげてください。

『成果を出すために、可能性を大きくする次の一手』という観点から、メンバー一人ひとりの立場に立って、メンバーの目で状況を見つめ直してみると、ヒントが見つかります。

今、私がやったように、相手の席に座ってみて、相手が感じていることを味わってみる、というのも有効ですよ」

「確かにそうですね……。自分についてもダメ出ししやすい傾向があるかもしれません。大高さんと話していると元気になったり、自由に思考を巡らすことができるのは、大高さんはヒントやアドバイスはくださいますが、私自身の考えや気持ちがまずありきで、それを尊重しようとしてくださっていることが伝わってくるからだと思いました。

コンサルの方って、何かを教えてくれる人だと思っていましたが、大高さんは、私の立場に立って、私の視点で一緒に世界を見てくださろうとしているのがわかります。一緒に探索してくれている感じといいますか。これが安心、安全な場ということですよね。きっと。

そうか。相手の席に座ってみる、か。これなんですね」

「そうです。人は、『こんなことを言うとバカにされるんじゃないか』『こんな簡単なことを質問したら笑われるんじゃないか』といった、発言すること自体にリスクがあるときは、視点が自分の内面世界ではなくて相手にどう映るかのほうにありますから、自由な発想が出てこないものです。

また、『自分は信頼されていない』『期待されていない』と感じていると、同じように相手に意識が向かいますので、自分が今後どうすべきか真剣に考えることもできません」

「なるほど。安心・安全な場。まずは相手を信頼することが自由な発想や、その人の成長に不可欠な要素だということが少しずつですが、わかってきた気がします。

大高さんの〝可能性のマネジメント〟において大切なのは、自分とは異なる相手をまず信頼して、できないこともあるけど、信頼できる相手の特徴を見つけそこだけはブレずに信頼すること。そして、自分と異なる相手の意見や態度に対して面白がること、創造力を働かせて相手の世界を探索することなのかなって思いました」

「いいですね、榎並さん」

「大高さんのおっしゃるように、今後は自分自身に対しても、できている面、自分の信頼できる部分にも目を向けるように意識してみます」

人と向き合うことは、すなわち、自分自身と向き合うこと。榎並は、その言葉の意味を嚙み締めていた。

須藤、1on1の夜、大学時代の先輩と飲む　1月27日　19時30分

この転職、失敗だったかなと思っていたけど

「おー須藤！　3か月ぶりだな！」

須藤新は大学時代の3年先輩である大山《おおやま》と、すこぶるうまい肴を出す新橋の小料理屋で待ち合わせしていた。大山は日本を代表する大手商社のエネルギー部に在籍し、海外を飛び回っている。

須藤はこの、仕事ができ快活で気持ちのいい男になぜか好かれていて、帰国するたびに呼び出され、うまい酒をおごってもらうのが習慣になっていた。

「どうだ、新しい会社」日本で1万本くらいしか流通していないという日本酒を惜しげもなく須藤の盃に注ぎながら、大山はいきなり尋ねてきた。

「そうですね……」須藤は、入社してからのこの半年に思いを馳せる。

「実はつい数週間前まで、僕の転職、失敗だったかなって思ってたんです」

「へー。ってことは、今は成功だって思えるようになったってこと？　なんかいい話じゃ

ないかそれ。何があったの？」

「そうですね……」須藤は、数週間前まで本当に、自分の転職は失敗だったのではないかという思いをずっと抱えながら一日一日を過ごしていたことを思い出し始めた。

須藤が新卒で入社した株式会社ミツワは、業界5番手の中堅業者だった
たまたま新卒時、大就職難の時代にぶつかってしまったことで5番手企業に甘んじていたが、少し景気が回復したこの年をチャンスと考え、2番手の東京厨房機器株式会社に転職したのが昨年4月。ミツワよりもふた回りほど規模も大きく、一部上場企業である東京厨房機器では、よりシステマティックな営業体制や、優秀な人と働けるであろう期待を抱えて入社した。

しかし、いざ入社してみれば、古い体質というか、まるで体育会系のような上意下達組織で、戦略と呼べるものもない。社内システムや業務プロセスも前職の方がよほど合理的だったし、システム投資もされていた。営業プロセス、事務処理も無駄が多く、ただ単に「この商品を今回は重点的に売れ」という方針が「戦略」と呼ばれているような体《てい》たらくである。業務プロセスも一体誰が考えたのか、それとも誰も考えてないのか、営業がやらなくてはいけないことがあまりに多く、できれば一から自分に作り直させてほしいくらいだ。

上司の榎並は、そのなかで勢いと努力、それから自身の時間を圧倒的に仕事に投下して

トップ営業マンになったであろうことがうかがわれる、一番苦手なタイプだった。意図や背景が不明瞭な指示が多く、その論拠を聞くと、「いいからやれ」「とりあえず俺の言うことを聞け」というコミュニケーションである。

本人は頭の回転が早いと思っているようであるが、須藤から言わせれば、考えが浅いだけだ。自分の意思決定の影響範囲も考慮せずにノーロジックで経験則で指示されるので、正直辟易していたのである。

「ということで、僕、頭の悪い新人課長の下につくなんて、マジでついてねーなーって思ってたんですよ。自分の経験則だけで指示してくるし、ノーロジックで、相当微妙っていうか」須藤は手元の盃を飲み干すと、ため息とともにそう口にした。

僕ってダメなことに目がいくのか。知らなかった！

「でもさ、思ってたってことは、何かが変わったってことだろ?」

「はい。……そうなんですよね。……いつも定期的にやられる1on1てやつも、本当にひどいもんだったんです。それはもうなんていうか、正直、コントか！　って感じだったんですよね。

うちの課長、自分で質問しておいて自分で答えるんで、基本的に黙っていると自動的に

1on1が終わるっていう。「どうしたい？」って聞いておきながら、課長の思う答えを言わないと、「じゃなくってさー」とまるでこちらがわかってないかのようなバカにした受け答えをされるもんで、ばかばかしくていつも適当にやってたんです」

「へー。それで？」

「でも2週間ぐらい前に、大高さんとかいう、すごい背の高いコンサルを連れてきたんです。

まさに大高。大きくて背が高い。ぶっちゃけ、『うわ、頭の悪いやつに限ってコンサルとか連れてくるんだよな』とか思ったんですけど。でもその日を境に、本当にドラマかなにかみたいにそれから課長の様子がみるみる変わってったんです。

最初はなんていうか、わざとらしいしいかにも習ったことを実践してるって感じで、この人大丈夫かな、って思ってたんですけど。でもなんていうか、すげー必死で変わろうとしてる榎並さん見て、なんていうかちょっとバカにしてる俺がバカなのかもって思い始めまして」

「へー。榎並さんていうんだね。須藤気づいてる？　お前、初めて課長さんのこと、名前で呼んだよ」

大山は気持ちのいい笑顔を須藤に向けた。

「あ、そうですね。それまでは正直、バカ課長とか、プライドだけが高い男としか認識してなかったんですけど。あるときから、彼の言動の端々からっていうんですかね、自分を変えようと決意した感じっていうか、本気だなこいつ、っていうのが伝わってきて。

相変わらず『もう少し考えてからお話しいただけますか？』って感じることは多いんですけど、まあ以前よりはって程度ですけれど、なんていうか思慮深さというか、ちゃんと考えてから発言しようとしてることがわかるし、僕の意見をちゃんと聞こう、尊重しようって。少なくとも努力してくれてるんだなってことが伝わってくるようになったっていうか」

「その課長さん、すごいじゃん。なかなかできないことだよ。

だって、そういう努力する姿をメンバーに見せるって、正直微妙じゃん。でもそうしたことも含めて、覚悟を決めた瞬間が、その榎並さんて人にはきっとあったんだよね。それは、なかなかできないことだよ。

少なくとも俺は、自分がどう見えるかなって考えちゃうし」

「まぁ、大山さんほど血の巡りがよくないってことかもしれないですけどね。失礼ですが。

でも前に、大山さん、おっしゃってたじゃないですか。能力がなくてどうしてもできないってやつは許せる。でも、努力すればできるのにその努力を放棄するやつは許せないって。少なくとも榎並さんは、努力し続けてる。なんか僕も柄《がら》にもなくなんですけど、もうちょっと努力してみっか、って思ったんです」

「須藤、いい人の下についたな。なんか3か月前とは顔つき変わってきたぜ。気づいてる？」大山は須藤の顔を覗き込むようにして、須藤の父親か兄かのような表情でそう言った。

「ほんとですか。いや、自分ではわからないです」

「それにさ、お前の課題って、人や物事のよい側面よりも先にダメなところや問題点に目が向くとこだったと思うんだよな」

「えー、そうなんですか。なんで今まで教えてくれなかったんですか」

「そういうのはな、自分で気づくものだし、タイミングってもんがあるんだよ。きっと3か月前のお前だったら、言ってもわかんなかったと思うし」

「確かに……。そうかもしれないです。僕、もしかしたらミツワ出身者ってバカにされないように虚勢張ってたかもしれないです」

須藤は、手元の盃を覗き込みながらぼそっとつぶやいた。

「なにそれ？」

「ミツワって5番手じゃないですか。でも考えてみたら、誰からもミツワ出身てことで何か言われたこと一度もないんですよね。あ、そういえばユリさんから『ミツワのほうがいいところあったら取り入れたいから教えて』とは言われましたけど。

うーん、今の今まで、ミツワに比べて今の職場、はっきり言ってたいしたことないっていうか、メンツもそんなに優秀じゃないし、って思ってましたけど、実際はみんなピュアな努力したり、率直なコミュニケーションをとろうとしてくれたり、なんていうか、人柄がいいんですよね、みんな。

僕、優秀な人と働きたいってずっと思ってて。そういう人って、自分には思いつかないようなソリューションを提示してくれる人だと思ってましたけど、よくよく考えてみたら、人格っていうか、人柄のほうが一緒に働くうえでは大事なのかもって思えてきました」と、須藤が内省を深めている間に、大山はとっくり2本をいつの間にか飲み干してしまったようだ。

「す・ど・う・くん、うれしいよー。俺はうれしい。いいことに気づいた、えらい！　ありがとうー。みんな、ありがとう！　榎並君万歳、課長万歳」

「あ。僕が話している間に大山さん、いつものスイッチ入っちゃいましたね……」

「なにー。スイッチってなんだ、おら、どこにあるんだ？　あるなら押してみろー」

大山はこの状態からあと2杯飲むと確実につぶれる。そして須藤が大山の定宿ホテルまでタクシーで送り届けなくてはいけない羽目になる。須藤は大山の盃に残る酒を彼が見ていない間にそっと飲み干し、代わりにミネラルウォーターを注いだ。

ここで、解説

振り返りこそが成長のドライバー

「人」が「事を為せる」ようにするためのセオリーを覚えていますか？

①目標設定

②振り返り

とお伝えしました。なかでもこの②の振り返り、すなわち内省は、目標達成とメンバーの成長のいずれにおいても最も重要な取り組みです。振り返り（＝内省）のポイントは、次の4点です。

①振り返るのは挑戦した本人、内省を促すのがマネジャーの役目

昨今1on1が普及してきました。文字通り、1対1の面談のことですが、その際、振り返りの面談をしているケースも多く見受けられます。ただ、実際に振り返りの1on1をオブザーブしてみると、上司が理解納得するための1on1になっているケースが圧倒的に多いのが実情です。

成長のための振り返りは内省（挑戦した人自身が自分の内面と向き合うこと）

をしなければ意味がありません。状況把握が不要とまでは言いませんが、成長を促すためには、本人が自分と向き合い、自分自身を省みる場をつくるのがマネジャーの役割です。

特に、本人が面談中に内省を始めると、話さなくなり、沈黙が始まります。ここでマネジャーはグッと我慢して、本人の言葉を待つことが必要です。しかし、多くのマネジャーは、沈黙が始まると、「たとえばさー」とか「○○なんじゃない？」など、いろいろと話し始めます。これは、ほとんどの場合、せっかく内省をし始めた部下の機会を奪っているのです。

②理と情の両面を振り返る

仕事を一人で完結させることができる一人前の手前にいるメンバーの課題は、「業務課題（スキルや知識）」である「理」の部分。そして、ある程度仕事ができるようになったステージにいるメンバーの課題は、「適応課題（メンタルブロック）」であることが多いです。一人前になる前のメンバーでも、その業務自体はできるのに、実際の仕事場面ではできない場合、「適応課題」を克服することで成長できる可能性が高まります。

「適応課題」は、「情」の部分、すなわち相手の思いや感情面が要因で、一緒に振り返ることで人としての成長を促さなければ、「わかっているけどできない」状態が続いてしまいます。この「情」を振り返るポイントは、「理」と「情」の現状をまず洗い出すこと。そしてこれを「客観視」できるように促すことです。

③「客観視」して、自分が取り組むべき課題（テーマ）を明確にする

「理」と「情」の現状を洗い出した後、それを客観視できるか、それも多様な視点（長期的、短期的、顧客志向、収益責任などなど）で客観視して、今後何に取り組むべきかを明確な言葉にできるか、これこそが内省力と言っても過言ではありません。

当事者としての感情を客観的に見て、何を変えなければいけないかを考える。たとえば、マルチタスクになるとミスを起こす人が、そのとき「早く処理しないとやばい」と感じていたとしたら、これを客観的に見て、解決すべき課題であると認識し、それをどうやって解決するかに向き合わなければ、同じようなミスはなくなりません。「早いことが何より重要」と思っている人には、「ほかの視点で見たら？」「長期で見た際に、ミスせず行うという見方をしてみたら？」など、多様な視点で見るように促さなければ、永遠に気づけないかもしれません。

したがって、第三者との「対話」は、その人が真に取り組むべきテーマや課題を

多様な視点で客観視するために大いに役立つのです。一人では気づき得ない着想や考えを対話によって明らかにしていくことがよい振り返りにおいては重要であり、マネジャーには良質の対話を促す力が求められます。

④人は誰でも「いい仕事をしたい」と思っている（失敗したいと思って失敗する人はいない）――それが前提にある

多くのマネジャーは、メンバーより能力があるからマネジャーをやっています。その人からすると、メンバーは穴だらけに映ることが多いようです。そのため、部下の言動、行動を見聞きし、また、ミスしたメンバーと向き合うと、「このメンバーは○○だから、できないんだ」という受け止め方をしてしまいがち。ダメだと思って対峙してしまうのです。メンバーは、必死にやったかもしれないし、もしかしたら少しできるようになったかもしれないのに、そこに気づくことはできません。その結果、「なんでまたできなかったの？」というメッセージを発してしまいます。自分の色眼鏡で見るのではなく、心の底から、できるようになりたいと思っているはずという前提で現状把握をしなければ、変化に気づくことはできません。人の行動には悪があっても、人間性は善であるという姿勢をもってメンバーに向かうことが肝要です。このメンバーの善の動機をマネジャーが信じることができているか否かは、そのままマネジャーの姿勢に表れますし、メンバーはそれらを敏感に察知します。

対話がスムーズになる3つのテクニック

非常にテクニカルな話になりますが、加えて以下の手法を用いると、メンバーとの対話をスムーズに進められる可能性が高くなります。

点数化する

「今回のプロジェクトは10点満点で何点だった?」といった問いかけを通じて、メンバー自らがよかったポイントと課題とを省みることができます。出発点は、できたこととできなかったこととの現状認識をすり合わせることなので、点数化が効果を発揮します。

「なんで?」の禁止

もしご自身が「なんで?」と聞くことが習慣になっている場合には、「どんな感じだった?」または「何があったの?」「どんな状況でどんな気持ちだった?」

という言い方に変えましょう。「なんでミスしたの？」と問われれば、相手が納得するであろうという答えを探すため、「だって……だから」という思考につながりやすくなります。特に、心の底から安心できる状況にない場合は、正直に気持ちを吐露できず、言い訳を考え始めます。

一方、「何があったの？」「どんな状況で、どんな感情だった？」という具体的な質問をすると、相手が何を見て、何が起こっていて、どんな気持ちだったのか、という状況が把握でき、相手が見ていた世界をつかむことができます。そのうえでの「どうしたい？」は解決策や突破口を探す問いになります。

小さな変化を見逃さずに本人に伝える

往々にして上司はメンバーのちょっとした小さな変化を見逃しがちです。

しかし、これまでできなかったことができるようになる、ということは大きな進歩。上司はこのちょっとしたメンバーの小さな変化を見逃さず、本人に伝えること、認めること（「○○ができるようになったね」）が重要です。

第5章

20XX年2月2日

「強みを伸ばすこと」との決別

変化の兆しが見えない、遠山と小林

都内ではここ数日寒い日が続き、年初に降った雪が道路のあちこちで固まったままになっている。しかしここのところの榎並は、とても温かい気持ちで毎日を過ごすことができていた。奈美恵が第二子を宿していることがわかったことと、それからメンバーの、最近の変化のおかげだ。

特に1週間前の須藤との1on1の後、榎並自身が少しずつ彼を「待つ」ことができるようになり、彼を信じようと思えるようになったことで、須藤の態度が変わってきたように見える。

ユリは以前にも増して精力的に顧客訪問をしている様子だ。もともと、先方のお偉いさんにかわいがられるタイプなのに加えて、最近ではより顧客の本質的な課題を聞けるよう

になって仕事が格段に面白くなったと感じているらしい。

それは平木も同じで、もともとホスピタリティが高く繊細な彼が、建設的、効果的にお客様への役立ち方を学んだことで、よい循環が生まれているように見える。彼は、「相手の求めること」に非常に忠実なのだということがわかり、榎並は彼には数字の話は一切せず、「どうしたらもっとお客様に喜んでもらえるか」に焦点を当ててコミュニケーションをとることにしていた。


しかしながら、なかなか手ごわいのは小林と遠山だった。

大高との2回のセッションを経ても、小林は相変わらずマイペースで、そもそもあまり訪問しなくても安定的な受注がとれる大得意先しか訪問していない様子だ。かといって受注高が伸びるわけでもなく、どのように彼の行動を変えてもらえばよいか、正直考えあぐねていた。

遠山も相変わらず、取引先の怒りを買っているようで、頭が痛い。先日も榎並が遠山に思いを巡らせていたまさにその瞬間に、遠山の取引先からお怒りの電話が飛んできた。平木が対応してくれたが、どうやらまた、納品日の変更を納入業者に伝え忘れていたらしい。悪意のないポカミスとはいえ、もはや許容範囲を超えている。

どうしたらよいかその日一日考え、結局、翌日に榎並は大高に電話で相談した。大高は辛抱強く榎並の長い告白のような、愚痴のような話につき合ってくれ、そして最後に「ちゃんと向き合ってみるしかありませんね」とアドバイスをくれた。

大高によれば、人の能力を伸ばすには、「強みを伸ばす」ことのほうが弱みを克服することよりも重要だと最近は言われているが、遠山のような「基本的な動作における致命的ともいえる弱み」については、一度どこかで徹底的に鍛えたほうがよいという。

まずは1か月、覚悟して丁寧にタスクの整理と段取りを一緒に、具体的につけることと、振り返りの時間をもってみては、とのことだった。期末まであとわずかなこの貴重な時期に1か月まるまる遠山にとられるのは痛いと榎並は咄嗟にそう言ったが、大高の「たった1か月という考え方もありますよ」との言葉に、それもそうかと思い直した。

遠山との週に2回の1on1、怒涛の1か月の始まり？　2月3日

その日のうちに、気持ちを決めた榎並は、いつの間にか席に戻っていた遠山に提案してみた。すると、「え、そんな。榎並課長御大からご指導いただけるなんて、大変ありがたき幸せです。よろしくお願いいたします！」との言葉が返ってきた。

その場の勢いで、週に2回、1回1時間、1on1で彼のタスク整理の時間をつくることにし、さっそく第1回目を実施した。初回である前回は、1時間のつもりが、なんと2時間半になってしまった。彼がどれだけとっちらかっているか、その課題の大きさを把握するだけでそれだけの時間を費やしたのだ。

そして、今日が第2回目。前回で、想定以上にパワーが要ることが判明したが、もう後戻りはしないと榎並は決めていた。今日は最初から2時間はかかることを見越して遠山にも後ろのアポは入れないようにさせ、自分も予備の時間を後ろに確保した。

前回わかった遠山の弱点は、まず、一つひとつの仕事において、どんなタスクが発生するかがまったくわかっていないことだ。

たとえば、お客様から「見積もりを出して」と言われた際に、誰に何を確認すべきか、

見積もり作成前に必要な要件整理の仕方もわかっていなければ、お客様に確認すべきことを確認できていないこともわかっていなかった。

　揚げ句の果てに、違うお客様から「納品日を変えてほしい」と電話があると、今まで別のお客様の「見積もりを作成していたこと」自体が頭からどこかに消えてしまい、お客様から「あれはどうなった？」と聞かれてはじめて思い出して作成にとりかかる、そんな毎日を送っているらしいことが判明した。その瞬間、榎並は遠山の営業成績が悪いのが不幸中の幸い、かもしれないと思った。これで目標数字がいくほどの受注があったら、逆にクレーム処理に俺自身が毎日追われることになる。そう思うと背筋が寒くなった。

　それだけでもショックではあったが、遠山に「どんな営業マンになりたいの？」と聞くと、あろうことか「トップ営業マンになりたいです」というセリフが返ってきた。榎並はもちろん、すこぶる驚いたが、大高に言われた「メンバーのできていない部分に目を向けるのではなく、できている部分、将来一人前の営業マンになる可能性の部分に目を向けてください」という言葉を思い出した。むしろこれくらいの鈍感力、高みを目指す意欲はある意味強みだな、遠山の屈託のない笑顔を前に、榎並はそう思おうと決め、「おう、それはいいねー。一緒に頑張ろうぜ」と励ました。

　すると、遠山からは満面の笑みとともに、「はい！　よろしくお願いいたしますっ！」と気持ちのよい返事が返ってきた。この愛嬌も度胸も遠山の強みなのだ。

遠山との第2ラウンド。TODOリストとタスク分解　2月7日

前回のいろいろな発見を、2回目に生かせるよう、榎並は遠山に、スケジュール帳を買ってくるように伝えてある。見開きで1週間のスケジュールが10分刻みで記入でき、余白にタスクが書き込めるタイプのものを、わかるように手書きで示しておいた。あいつ、ちゃんと買ってくるだろうか……。約束の時間より早めに入った会議室で榎並が思案していると、遠山がいつも通り明るく元気に入室してきた。

「お疲れさまっす！　榎並さん、今日もよろしくお願いいたしまーす」

相変わらず元気である。確かにこの状態で3年間放置していた会社のほうが悪いよな、という考えが頭をよぎり、榎並は笑顔で応じた。

「おう、よろしく。今日も頑張ろうな。遠山、スケジュール帳買ってきた？」

「はいっ。なんかいろいろあって、迷っちゃいました。でもユリさんに一緒に買いに行ってもらって、ユリさんとお揃いのにさせてもらっちゃいました。えへっ」

そうだ、こいつ、ユリに憧れてたんだった。グッジョブ、ユリ！　今度ビールおごってやろう、と榎並は心の中でユリ様に感謝の念を述べ、遠山とのミーティングを始めた。

「よし。遠山、今月の目標は？」

「はい！　２３００万円です！」

「数字は頭に入ってるね。すばらしい。じゃあ、１か月後、今月末のクライマックスシーンは？」

「はい。受注額２８００万円。ベストフードの横山常務から、『東京厨房さんの洗浄機に決めたよ！』と言っていただき、FR－542を導入いただくこと、それからファミリア商事の田代課長に、『追加で御社のスライサーPG－67を15台お願いしたい』と言っていただくことです。それから、新規で3件、Dヨミ（受注確度は低いが、検討いただける案件）を上げることです」

「おう、いいね。じゃあそのためには、どんな行動がこの１か月の間で必要だと思う？」

「え。えっと……。そうですね。新規アポをとるためには、私の確度からすると、１日２００件、アポイントメントを獲得する電話をしなくてはいけないです」

「ちょ、ちょい待て。１件のアポ電に、だいたい何分かかってるの？」榎並はあわてて遠山に問いかける。

「えっと。おそらく、平均5分くらいでしょうか」

「5分×２００は？」

「1000分です」

「あのさ。1000分て、何時間？」

「え。えっと……。あ。16時間でしょうか」

「できる？」と榎並が聞くと、「いえ。できません」と遠山は、悪びれずに答えた。

「だよな、それって……」といいかけて榎並は次の言葉をグッと呑み込み、「いいや、じゃあまず、今週の具体的なTO DOリスト見せて」と遠山に言った。

遠山のTO DOリストをチェックしながら、榎並は、遠山と一緒に進めるために最善の方法を模索していた。

「なるほど。よし、このTO DOリストの一番上に『ファミリア商事のPG－67の見積もりをとる』って書いてあるよな」

「はい」

「遠山さ、まずこのタスクをやろうって思うとするじゃん。まず何する？」

「え。あー。どうしよう……うーん、ちょっとめんどくさいから次のやろう、ってなっちゃいます」

「そうだろうな。どういうところが面倒って思うの？」

「はい。まず見積もりをとるときに、何から確認すればいいんだったっけ、てなります」

「だな。遠山、これな、リストに挙げる項目の粒がでかいんだと思うんだよな」

「ツブ？　どういう意味ですか？」

すっとぼけた間抜け顔で遠山は榎並に聞いた。

「たとえばさ、『見積もりをとる』って一口に言っても、細かい作業から成り立ってるじゃん。たとえば、『納品先はどこか、どこのどちら様宛に発送すればいいのか』『納期はいつか』『納品する商品数』とか。それを先方と確認して、値引きがある場合は俺の承認が必要だからそれも確認する。で、その後にウチのシステムに入力して、『必要在庫のチェック』『納期の仮手配』とか、すべて確認してから見積もりを出力するでしょ？」

「あー。なるほど。そう考えると、私の場合は『見積もりをとる』ってタスクをもっと細かく、10個くらいの作業に分けてTODO管理したほうがいいってことですね」

「そうそう。遠山、頭いいじゃん！」

「いえ、とんでもないです。でも今まで、まったく気づきませんでした」

「うん、俺ももっと早くこうやって一緒にタスク分解してやればよかったな。ごめんな」

「いえ、ありがとうございます。貴重な榎並課長のお時間をいただけて、本当にありがたいです！」

深々と頭を下げる遠山に、「お前のその返事はほんと気持ちいいなぁ」と榎並は感心しながら、「遠山、ここまで一緒に確認してみて、何か気づいたことある？」と促した。

「はい。あと、私、タスクをこなすのにどういうことが必要なのかと、一つのタスクにどれくらい時間がかかるかがまったく見えてないです」

「だな。どうしたらいいと思う？」

「はて。どうしたらいいんでしょう？」

「ちょっと自分で考えてごらんよ」

「うーん。とりあえず、一つのタスクについて、目安時間を立ててみます」

「お、いいね。よし。じゃぁ、目安時間立ててみ」

「はて。どうやって目安時間立てればよいのでしょうか？」

「目安時間を立てる前に、何が必要？」

「えっと……、わかりません」

「『何の目安時間を立てるのか？』を考えないと立てられなくない？　つまり、今の話とおんなじ。まずはタスクを分解してみないと、目安時間もなにも考えられないよな。いまさっきの『見積もりをとる』と同じだよ」

「あー。なるほど。確かにそうです」

「で、タスクを分解して、目安時間を立てたら、それをスケジュールに落とす。30分必要なタスクは、この手帳にこーやって枠を作って、30分間、自分にアポをとるんだ」

「なるほど！　むちゃくちゃ勉強になります。ありがとうございます」

「よし、じゃ、次回の明後日までの宿題。理想の1日のスケジュールを考えて、前日夜までにメモして俺のデスクに貼っておいて。できそう？」

「はい。わかりました、やってみます」

まるで、ボケ倒し続ける相方相手に漫才をしているみたいだ、と榎並は笑い出しそうになりながら、それでも少なからずの手応えを感じていた。

遠山の小さい前進、変わる予感　2月8日

遠山は今日、ちゃんと俺のデスクにスケジュールを貼ってくれているだろうか。これまでの経験則でいうと、だいたい約束したことの30％くらいしか果たされないのが常である。榎並は平木と外出先からどきどきしながら帰社すると、果たして遠山の汚い字で、明日の予定が記載されたメモがデスクのPCに貼られてあった。

「よし。遠山も一歩ずつだが、着実に進歩してる。あとで『ちゃんとできたな！』と笑顔で伝えよう」榎並は少しホッとした。大高の話によれば、どれほどこちらからは簡単に見

えることであっても、これまでできなかったことができるようになるということは、大きな一歩、大進歩であり、その瞬間を着実にとらえて、承認することが大事だという。客観的に見たとき、本人のほんの少しの変化は「(目指している姿に比べて)まだまだだ」ととらえられてしまうために、わざわざそこに言及できる上司は少ない。しかし、ミクロな日々のちょっとした成長の積み重ねが、大きな変化をもたらす。

つまりミクロな成長が、マクロな成長につながるという感覚をもって、そこを相手の立場に立って丹念に拾うことができるかどうかが重要なのだ。榎並は自然と大高の話を反芻していた。

確かに自分の若いころを考えても、誰かが自分のことを見ていてくれているという実感があるときは、むちゃくちゃ頑張ることができた。

反対に、自分がどれだけ努力を重ねても、リアクションがなかったり、俺が上げる数字にしか関心のないような上司のもとでは、いまいち頑張ることができなかった気がする。とても単純だし、ある意味情けないような気もするが、それが人間というものなのだろう。

進化する遠山、感じる自分の変化　2月17日

当初は「こんなに遠山にだけ時間を割《さ》いていいのか」「遠山が成長してくれなかったら、自分の時間を無駄に投入したことになるが、それでいいのか」「自分の判断は間違っていないか」といったことを考えたこともあったが、遠山の、少しずつだがしかし確実な進化を、毎日楽しみにしている自分を榎並は自分のなかに見出していた。その証拠に、遠山との打ち合わせに向かう榎並の足取りは軽い。

「いいね、遠山。これまでまったくできなかった計画立案と振り返りができるようになったな。すげーな。自分でもうれしいんじゃない？」

「はい。なんていうのでしょうか、頑張れば頑張っただけ前に進めている感じというか、やればできるかも、という気になってきました。もっといろいろ仕事ができるようになりたいです。引き続きよろしくお願いいたします」

「遠山のその、圧倒的な意欲の高さと素直さはマジすごいな。俺も刺激になるよ」

「え。本当ですか⁉　……そ、そうですか。なんか、照れます」

「よし、じゃあ今日は、プロセス目標を立てよう」

「ぷ、プロレス目標？」

「プロセス目標。新規アポの獲得のためのリスト数、電話数、アポ数を決めようぜ」

「うへー。大変そう」

「楽しんでやろう。そういえば、遠山の楽しみって何？」

「ええと。何でしょうね、昼飯くらいですかね」

「じゃあ、自分で自分にご褒美をセットしてみようや。もし達成できたら、ちょっとプチ贅沢するとかにしてみようか」

「ていうか、榎並課長が何かおごってくださるとかないんですか」

「いや、外的報酬は逆効果って理論があるんだよ。せっかく意欲が高まっているのに、その結果いかんによって他者からご褒美がもらえたりもらえなかったりすると、今度は逆に『ご褒美がもらえないとやらない』という現象が起こるらしい。なのでおごってあげたいところだけれど、遠山のためにおごらない」

「なんですかそれ。……あ、あと、私、ユリさんに褒められると頑張れます」

「お、そうだな！　じゃあ、全部達成したらユリと3人でメシに行こう。それはおごってやる」

「3人で、ですか……。ま、いいか。頑張りますっ！」

相変わらず漫才のかけあいのような1on1が続いたが、この後の道のりも、なかなか険しいものだった。遠山が少しずつ、自身でPDCAを回せるようになったのは喜ばしいことだが、ヨミが甘いこと、また自分にすこぶる甘く、自身で設定したことすらできないことが続いたときは本当にもうやめようかとも考えた。そのたびに、「そんなに人がすぐ思い通りに変わったらそれはそれで問題ですよ」と大高から言われたことを思い出し、榎並は淡々とマネジメントに従事しようと思い直した。

日々一進一退、という感じではあったが大高のアドバイスに従い、仮に約束したことを遠山ができなくても、キレず怒らず、忍耐強く一歩ずつ前に進めることを意識しながら一緒に頑張った結果、本当に少しずつだが、行動量が増えていき、それが見るからに遠山の自信になっていった。そろそろ3週間が経つころには、ほとんど約束通りの行動量を保てることができ、むしろアポのとり方や、アプローチを工夫しきれなかったことを遠山自身が悔しがるようになっていったのには、本当に驚いた。

いつの間にか少しずつだが、遠山自身が「達成する」「約束したことをやる」ことに執着できるようになっていたのだ。

遠山の特訓卒業祝いの帰り道、榎並とユリの会話　3月3日

「それにしても。あの遠山をここまで育てられるなんて、正直、ミチのこと見直した」

遠山とユリとの3人での特訓卒業祝いからの帰り道、榎並は〝ユリ様〟からのお褒めの言葉を心地よい酔いとともに堪能していた。「俺自身、自分で自分を褒めてやりたい気分だ」と榎並は思っていた。この1か月は、榎並にとって長いようであっという間だった。

「で。ミチ様の秘策は何だったの？」

ユリにそう問われ、改めて榎並は遠山とのこの1か月に思いを馳せた。

いろいろと榎並が意識した点はあるが、「俺が今の遠山だったらどう感じるか」を常に自分に問いながら遠山とコミュニケーションをとったことが、一番大きいかもしれない。自分が思ったことを素直にユリに伝えると、別れ際にユリがにっこりと笑って「なるほどね。成長したね、ミチくん」と肩をポンポンと叩いて去って行った。

確かに変わったな、と榎並も思う。これまでは、どうしても自分だったら……という目線で、部下の言動に常に違和感をもっていた。その視点で見れば、いらだちもするし腹も立つ。しかし、大高から指摘されたように、自分とメンバーとは、考え方も、感じ方も、

生い立ちも価値観も、まったく違う他人である。だからこそ、一緒にチームを組む意味だってある。そういう立場をとりながら創造力を駆使していくうちに、榎並は自分の予想や期待とは異なる遠山の反応を、以前よりも冷静に、そして感情を伴わずに受け止めることができるようになっていった。

「そうか、遠山はそう考えるんだな」「遠山は今、こう感じてるのかな」ということに榎並が少しずつ思いを馳せることができるようになってからだ。遠山自身が、これまで以上に元気になり、のびのびと自分の考えを話すようになったのは。この変化は、大高の言う「心理的安全性」が、俺と遠山との間に確立されたということなのだ。そう思うと榎並は一層感慨深く感じる。

以前は「はい!」と「頑張ります!」の2つくらいしか発言レパートリーがなかった彼が、「私はこう考えて、こうしてみました」「私はこう考えます。その理由は3点です」などと、いっぱしのデキるビジネスパーソンのような口ぶりになっていったのには、本当に驚いた。これが、大高が言っていた「メンバーが成長する瞬間に立ち会う喜び」というものなのか。自分が遠山を指導しているようでいて、この過程のなかでは俺自身が遠山からたくさんのことを学ばせてもらった気がする。

「マネジメントって、すげー楽しいかも」

課長になってから、いや、生まれて初めてそう思えている自分に、少しくすぐったいような、うれしいような気分で、榎並は奈美恵と波羅の待つ家へと急いだ。

遠山、ファミリーレストランで、1か月を振り返る　3月4日

「この1か月のこと。一生忘れないだろうなぁ〜」

遠山は、自宅アパートのある武蔵小杉駅近くのファミリーレストランで、モーニングのコーヒーと卵ホットサンドイッチをつまみながら、この1か月を回想していた。

昨夜は、榎並さんとユリさんに「特訓卒業祝い」をしてもらった。

今日は土曜日だ。

以前の遠山であれば、休みの日は昼過ぎにだらだらと起き、なんとなくテレビを見て夕方近くにコンビニで弁当と発泡酒数本を買って飲んでいるうちにいつの間にかその場で寝てしまう、といった1日を過ごしていた。

しかし、今は違う。平日と同じ時間に起きて、軽い運動をする。シャワーを浴びてさっと汗を流した後は、近くのファミレスで軽い朝食をとりながら日経新聞と専門紙にざっと

目を通して、ユリさんとお揃いの手帳でこの1週間を振り返る、そんな遠山がいた。

大高さんから、「一つだけ。本当に小さくて簡単なことでいいので、新しい習慣を取り入れてみてください。そうすると、いろんなことが変化し始めます」と研修で教わったときは正直、そんなもんかなと思ったが、今はその恩恵を受けている自分がいる。

一番最初に設定した新しい習慣は、「休日も平日と同じ時間に起きる」だった。それを試してみた次の週には、せっかく時間があるから軽く散歩してみようかな、と思い立ち、目についたファミレスに入り朝食をとるようになり、ゆったりした気分で朝食をとっているうち、新聞やビジネス書を持ち込むようになった。今では軽い散歩ではなんとなく物足りず、ランニングウェアに着替えてジョギングする週もある。

「なんか、デキるビジネスパーソンみたいじゃね？　俺」遠山はなんとなくポーズをとっている自分に気づき、思わずコーヒーを吹き出しそうになった。

大きな変化も小さな一歩から

それにしても、入社してから3年半までの自分を振り返ると、時折、顔から火が出る思いがする。半年ほど前、大塚部長から「君は営業には向いていないんじゃないかな。違う道を探すことも考えたほうがいいかもね。君のために」とかなんとかニヤつきながら言われたときも、僕ってそんなにデキが悪いのかな、とぼんやり思うだけで、悔しいとも思わなかった。そんなにおめでたい人間だったのか、そう思うと情けない気分になる。

長い間、ずっと、自分は運が悪いんだと思っていた。新人のとき、最初に担当した会社がたまたま倒産してしまったことに始まり、自分が担当した顧客はことごとく業績が悪かったり、担当者がいまいちだったりしたからだ。

今は、いまいちだったのは自分のほうだったということがよくわかる。遠山は自分なりに努力しているつもりだった。でも、榎並から毎週、週に2~3回、毎回2時間の指導を受けているうちに、自分のやってきたことは、単なる行き当たりばったりだったことがよくわかってきたからだ。段取りと振り返りという概念が、自分のなかにはまったくなかった。

でも、今は、違う。毎週こうして、休日の朝にコーヒーとお気に入りの卵ホットサンドイッチをつまみながら、この1週間の振り返りと、来週、それから向こう1か月の予定を立てる。

遠山は大高さんに教えてもらった、「1か月後、誰がどのように言ってくれている状態を目指すか」についてノートに書き出してから、それを実現するプロセスを考え、自分なりにタスクを分解して、行動目標を立て、それを1週間のスケジュールに分単位で落とし込むことを実行できるようになっていった。さらに、1週間後に、自分の立てた行動目標がどれだけ実行できたのか、うまくいったことと、改善点、今後できる工夫点を洗い出すという作業についても。

「やっぱり、なんか、デキるビジネスパーソンみたいじゃね？　俺」

店の壁に設置された鏡に映る自分の姿に、心なしか自分でも精悍《せいかん》な顔つきになっていると感じて遠山はほくそ笑んだ。今日の午後は、英会話レッスンが待っている。

仕事って、こんなに楽しいものだったんだ、と改めて思う。榎並グループに入れて、本当によかった。昨日もたくさんお礼を言ったけど、感謝は今期の俺の成績で伝えなくては。遠山はそう決意していた。

ここで、解説

仕事の型を覚えさせる

組織開発や人材開発において、「強みに着目しよう」「強みを伸ばそう」ということがよく言われますが、私たちが重要だと考えるのは、「できていないところではなく、できているところを見る」ことです。

たとえば図のような輪があったとき、人はどうしても欠けている部分に目が向きがちです。マネジメントにおいても同様で、とかくマネジャーはメンバーのできている部分ではなく、できていないところ、欠けている部分にまず目が向いてしまいます。しかしながらマネジメントにおいては、欠けていない部分、すなわちできている部分に焦点を当てることが、力強い成長へのドライバーとなります。

榎並が実行していったように、メンバーのできている部分にもきちんとフィードバックを与えながら、そこを足がかりにして、成長を促していくことが大切です。

人は欠けている方に目がいくもの

しかし一方で、そのメンバーに欠けているところを補えば劇的に変わることが明らかな場合は、「型」を徹底的にマスターさせることが重要です。

特に、業務を行ううえでの致命的な弱点は、早い段階で修正をしなければいくらいい強みをもっていても、成果を出せません。レフト前ヒットを打ったとしても、1塁ベースまで走れなければ、アウトです。いくらいいバッターでも、最低限の走力は必要になります。

最近は強みを伸ばすことにフォーカスが当たることが多いように感じますが、それは致命的な弱点がないことがベースになります。つまりそれ以前に、仕事を行ううえでの基本的な「型」を習得させることが極めて重要なのです。

「守破離《しゅはり》」という言葉を耳にされたことがあると思います。スポーツや伝統芸能、芸術などプロフェッショナルな世界で、修行における段階を示したもので、守は基本となる型を徹底的に学び身につけることを意味します。破は、他の流派などからの教えについても学び、良いものを取り入れ、離は、そのうえで自分らしさ、オリジナリティといった創造性を発揮していくことを意味します。

私たちは、この考え方は人と組織の成長にもいえるのではないかと思っています。なぜならハイパフォーマーは常に目標を達成し続けている人や組織ほど、自分たちの型をもっており、型を大切にしているからです。

特にこのストーリーの遠山のような若手で、仕事の作法をマスターする前の状態のメンバーに対しては、徹底的に型を習得させることが極めて重要です。型の習得は、ご存じの通り時間がかかることもありますが、急がば回れということわざもあります。榎並が遠山に行ったように、二人三脚で弱み克服にとことん取り組むことで、その後のメンバーの仕事人生が変わることもあるのです。

第6章

20XX年2月21日

ギクシャクするメンタル

言いなり営業と効率重視アシスタントの間に何が起こったのか？

「ミチ。なんか、先方の部長、いい感触だったよねー」

「うん。先方のニーズを相当つかめた気、俺もする」

榎並がお客様との商談を終えてユリと一緒にご機嫌に帰社すると、オフィスは異様な雰囲気になっていた。見ると、アシスタントの河合が頭から湯気を出してお怒りの様子。そのそばで、平木が困り果てた顔をしながらひたすら謝っているのか、懇願しているのか、とにかくぺこぺこしている。

「河合さん、どうしたの？」と榎並が尋ねると、榎並の顔を見るなり、河合は訴えるような表情に変わった。

「榎並課長。もう私、限界です。平木さんがお客様に喜んでいただきたい気持ちはわかりますが、なんでもかんでもお客様からの急な依頼を私に振られても、対応できません。今は全社的にも働き方改革を推進してますよね。というのに、16時半になって『明日の朝まで』と依頼されても、無理です。あと30分でやれる業務量ではありませんし、第一、私は平木さんの専属アシスタントでもありません。私、平木さんの仕事は3日前までに依頼していただけないとやりたくありません」

え。もう少し具体的に状況教えて、と榎並が聞こうとしたところで、隣にいたユリがブチ切れた。

「河合さん、ちょっと、バカ言ってんじゃないわよ。あなた、誰のために仕事してるのよ？　平木さんも平木さんかもしれないけれど、そんな四角四面じゃ、困るわよ。前から思ってたんだけど、働き方改革、確かに大事だけれど、ただただ効率的に早く帰れればいいって、本末転倒じゃないっ」

と、これまたユリの頭から湯気が出ている。まぁまぁ、と榎並がおさめようとしたところで今度は平木が割って入った。

「いえ、ユリさん。すみません、私が悪いんです。河合さん、本当にすみませんでした。自分でやります」

「はー。平木さん、もともとご自分でできることなら私に頼まないでください」

「ちょ、河合さん、何よそれ。そういう言い方ないんじゃないの」

河合とユリの怒りはおさまりそうもない。おいおいおい、と榎並が思っている間に平木が憔悴《しょうすい》した顔で、「いや、本当に私が悪いので。みなさん申し訳ありませんでした」との言葉を残して足早にオフィスを去っていった。

時計を見ると、17時の定時を2分過ぎたところだ。

「ではみなさん、すみません。私も失礼いたします」そう言って河合も急いで席を立つ。

「河合さん、ちょ、ちょっと待ってください、この状況で帰られると……」と追いかけようとした榎並の袖をユリが引っ張った。

その夜、榎並、ユリと居酒屋にて　2月21日　19時30分

榎並はユリと二人、結局いつもの居酒屋で、ビール片手に今日の出来事について振り返ることにした。

「もー、河合さんさぁ、ワークライフバランスとかなんとか、大事にしてることはわかるけど、もともと誰からいただいているお金でお給与払われてるのか知ってるのかしらね。

ちょっとミチ、がつんと一回言ってやんないとダメよあれ。今日もヌボーッと突っ立って

たけど。あなたが甘やかすから、いい気になってんのよ」

のっけからテンション高めに、ユリがまくしたてる。以前から河合の働き方に不満を持っていたとは、榎並は今日まで知らなかった。

「いやー。甘やかしているつもりはないけど。河合さんの言い分ももう少し聞かなきゃだし、平木がどう思ってるかも聞かないと、って思うけど」

「うわ。ミチ、大高さんみたい。どうしたの？　すごいじゃん」ユリのひと言は皮肉にも聞こえたが、ここは褒められたことにして、榎並はさらに続けた。

「うん。もともと俺たちって、お客様のお役に立つために仕事してるわけだけど、でも河合さんみたいに、お客さんとの接点が少ないと、どうしても本来の目的を見失いがちになっちゃうんじゃないかと思うんだよね。

本来アシスタントさんはさ、営業マンだけではできないことを一緒になって、サポートし合ってチームでお客様の満足を追求していく役割だろ？

だけどそれが遠くなっちゃってるんだなって思ったんだよね。

平木もお客さまのためになんとかしよう、とか、できる限りのことをギリギリまでしようぜ、というのは間違っていないと思うんだけど、もしかしたらお客様の言ったことそのままを真に受けてなんでもかんでも対応している可能性もあるかもなぁって思ってるんだ

よね。河合さんにも、背景とか伝えずにとにかくお願い！　って頼み込んでるんじゃないかなと」

「なるほどね。確かに平木くんて、そういうところあるかもね。優しすぎるっていうか、ちょっとびくびくしているところがあるっていうか。お客様の言いなりになってる可能性もあるもんね。なるほどー。榎並課長、勉強になります」

いやいや。と照れながら榎並はビールを呷った。実は数日前にちょっと大高さんに相談したときに言われたことの受け売りなのだが、それは黙っておく。ユリの不満もどこかに飛んでいったようで、榎並はホッとしていた。

困ったときは、それぞれの言い分を聞く

「明日、二人をそれぞれ呼び出して、言い分聞きながら今のこと伝えようと思うんだ。あとユリ、一個言っていい？」

「ん、なに？」

「あのさ、ユリもお客様大切にしてることわかるんだけどさ、頭に血がのぼるとすごいキツい言い方になるじゃん？　あれさ、逆効果じゃないかと思うんだよね」

「逆効果？」

一瞬、ユリがこちらを睨《にら》んだ気がしたが、榎並は気にせず続けた。

「そう。こないだ、大高さんにDiSCっていう心理テストみたいなもの教えてもらったんだ。要は、人には個別の思考特性やコミュニケーションスタイルの違いがあるって話。で、俺もユリも、単刀直入派ていうか、すぐに行動したがるし、思ったことをそのままストレートに相手にぶつけるところあるだろ。それって、慎重で安定した環境を求めている人には、強引というか、脅威に映るときもあるんだって」

「へー。なにそれ。面白い。やってみたい」

急に、ユリが身を乗り出してきた。

「わかった。今度、大高さんにメンバーみんなでやってもらえるか聞いてみよう」

「なんか、最近すっごく楽しい。いろんな世界が知れて。ミチ、大高さん連れてきてくれてありがとう」ユリは榎並の腕をとり、うっとりとした表情でそう話す。かなり酔ってきたのかもしれないと、榎並はやや警戒モードになった。

「え。そんな、面と向かってユリにお礼なんて言われると後が怖いよ」

「なにーぃ。じゃあ、ここおごれー」

「ゆ、ユリ様……意味不明なんですけど」

女王ユリ様お得意のツンデレ攻撃に翻弄され、榎並は自分も酔いが深まっていくのを感じていた。

平木、ひとり自宅にて　2月21日　18時45分

グルグル思考しながら、三十四度目の深いため息

「はー」
榎並とユリとが盃を交わし合う数時間前、平木は自宅で一人ため息をついていた。本日、三十二度目のため息になる。「河合さんが怒るのも、無理ないよな……」そう思いながら。

平木は大高の指導を受けるようになってから仕事が俄然楽しくなり、お客様のご要望に応えて喜んでいただくことが、自分のなかでも快感になっていることは自覚していた。

お客様から「すごいね」「さすが平木君だね、対応早い」などと言ってもらえることがうれしくて、それ自体が目的になっているふしもあり、少しずつそれがエスカレートし、自分だけでは対応しきれないことを河合さんに急な依頼という形でお願いすることがここのところ増えていたという自覚はあった。河合さんは仕事が早く、淡々とこなしてくれるので、彼女がどう感じているのかへの配慮にまで気が回らなかったのが正直なところだ。

「河合さんが怒るのは当然だよな。ずっと、溜め込んでたんだな……」三十三度目のため息とともに、平木はまた反省した。同じところをぐるぐる思考しているうちに、心なしかめまいがしてきたような気がする。

「あれ、やばい。これ、前のあの兆候に似てるぞ」

平木はかつて味わったことのある〝感覚〟を思い出して、一瞬焦ったが、あわてずソファに横になった。

ちょうど3年前、平木は原因不明の体調不良で1か月間休職したことがあった。当時は今より個人業績もよく、大きなクライアントを複数抱えていた。極めて多忙な日々に、自分でもストレスを溜め込んでいる自覚はあったし、自分でこなせる業務量と難易度とを超えた仕事をしているようにもうすうす感じていた。

しかし元来、人との軋轢《あつれき》が極めて苦手で一人で抱え込みがちな平木は、とあるクライアントから厳しいクレームを受けた次の朝、起きられなくなってしまったのだった。

まるで金縛りのように手足が硬直し、誰かに上から乗りかかられているかのように体が思うように動かない。それでもなんとか休みの連絡を上司に入れたその途端、ふっと体が楽になった。その日から1週間、平木は毎朝同じ現象を繰り返すようになり上司のアドバイスに従って、産業医に相談したところ1か月間休職することになった。当時の大量の仕事は申し訳ないと思いつつも、課内のメンバーに引き継いでもらった。あれほどまでに「自分でなくてはできない」と思っていた仕事だったのに、担当替えは極めてスムーズに運び、かえって拍子抜けしたのを覚えている。

「とはいえ、考えたらここまでよく回復してきたよな」

平木は自宅の狭いソファに寝転びながら、この3年間に思いを馳せる。

忘れもしない、3年前の休職明けの日。出社するのが本当に恐怖でしかなかった。周囲は優しくにこやかに受け入れてくれたが、陰では迷惑だと言われているのではないか、甘えてると思われてはいないか、といった疑念ともいえる思いが自分のなかで溢れて暴発しそうだった。

体も思うように動かず、1時間も会議に出るとぐったりして何も考えられなくなるような1週間を過ごすと、翌週は再び会社を休んでしまう、といった状態を繰り返しながら数か月経つと、徐々に半日は会社で過ごせるようになり、昨年の今ごろにはようやくフルタイムで出社できるようになった。その間、上司や周囲は温かく接してくれていたと思う。なかには腫れ物に触るような接し方のように感じる人もいた。約半年前に直属の上司となった榎並は後者だ。

当時からアシスタントをしてくれている河合は、何事もなかったかのように普通に接してくれるので、平木にとっては気が楽な相手だった。その気楽さが、逆に河合へのある種の甘えめいた感情につながっていたのかもしれない、と平木は改めて思った。

「気は重いが、明日河合さんにもう1回謝ろう」

三十四度目の深いため息とともに、平木はそう決意した。

河合、自宅に戻る　2月21日　18時5分

私このままでいいのかな

「はー」

品川駅から京急本線に乗って3つ目の青物横丁駅から徒歩15分。築25年ほどのややくたびれた、しかし管理が行き届いているおかげで清潔感のある、こじんまりとした自宅マンションに18時5分過ぎに到着した河合理恵は、そっと小さなため息をついてから、意を決して目の前のドアを開けた。

「お母さん、ただいま。具合どう?」

「ああ、お帰りなさい。今日は少し遅かったね……。うーん、いつもよりちょっとだけ、しんどいかな」

「そう。大丈夫？　すぐにご飯の支度するね」

「ああ、いつもありがとう。今日は会社、どうだった？」

「うーん、いつもと一緒」

「そう。よかった」

「本当はいつもと一緒ではないけどね」理恵は心の中でそうつぶやきながら、着替えるとすぐにキッチンに立ち夕飯の支度にとりかかった。


気の優しい母にあれこれ仕事や自分自身に起きたことを詳しく話すのは、理恵はここしばらくは控えている。それでなくても体調がすぐれないなか、ほんのちょっとでも心配させるようなことを伝えると、途端に起き上がれなくなってしまうからだ。

理恵が高校生のときに父が突然交通事故で亡くなってから、それまで専業主婦だった母は、慣れないパートを複数かけ持ちして、一人っ子の理恵を育ててくれた。高校を卒業したら働くという理恵に、「勉強したいなら大学へ行きなさい」と明るく諭し、理恵は母に勧められるまま大学に進学した。今思えばその選択が正しかったのか、正直わからない。パートをもう一つ増やして無理を重ねた母が脳梗塞で倒れたのは、理恵が大学4年生の冬だった。

以来、少しだけ不自由な左半身をかばいながら、一番時給のよいパートだけは続けていたが、母が50歳を迎えたとき、パート先から雇い止めを通告されてしまった。その直後から母は一人では外に出られなくなってしまった。

いい人がいれば結婚しなさい、と母は言うが、理恵がこれまでつき合った人たちに母のことを話すと、その途端になんとなくぎこちなくなったり、連絡が滞るようになったりして、そのまま自然消滅、というようなことが何度かあった。母のせいとは思わないし思いたくもないが、これから先の人生について考えることも、もちろんある。


来年、35歳。毎日終業時ジャストの17時に会社を出て、近くのスーパーで気を急かしながら買い物をし、18時には帰宅する。何かしら理由があって18時を回ってしまいそうなときは母に持たせている端末に連絡を入れるようにしてはいるが、そんなときは決まって、この世が終わってしまうと知らされた人のような、心配と恐怖とが入り混じった母の顔を目にすることになる。幸いにして新卒で入社した東京厨房機器は、入社3年目のときに一部上場企業となり、事務職としては十分な給与をいただいていると思う。

とはいえ、「私は、この生活をいつまで続けていくのだろうか」

味噌汁に入れる長ネギを刻みながら、理恵は今日の平木やユリとのやりとりを苦い気分で思い出していた。本当は、スキルアップとか、勉強とか、きっとしたほうがいいのだろう。たまには友人とおいしいレストランに足を運んで、のびのびとワインなんか飲んでもみたい。

「私、このままで本当にいいのかな。ユリさんが言ったこと。確かにそうなんだよな、平木さんにも言い過ぎたかな」

でも……。この状況で、一体どうしろというのだろう。ユリのように美しく、見た目も華やかで仕事ができる女性だったら、私の人生は、もっと違ったものになっているのだろうか、そんなことを考えながら、ふとフライパンに目を落とすと、炒めていた野菜が焦げはじめている。あわてて火を止めたその瞬間、理恵のいつもの果てのない堂々巡りの妄想も止まった。

榎並の携帯に、朝、平木から電話　2月22日

平木、メンタルふたたび？

　榎並が朝、自宅で出社の支度をしていると、テーブルの上で携帯が鳴った。着信画面を見ると、平木からだった。何があったのかと急いで電話に出る。

「どうした、平木」

「すみません。ちょっと熱があるみたいで、今日、11時の出社にさせていただいてもいいでしょうか」

「え、熱？　大丈夫か。念のため病院行ったほうがいいんじゃないかな。11時に出社って、今日はどのお客様とのアポ？」

「いいえ。今日はほとんど社内会議なんですが……」

「じゃあ休んだほうがいいよ」

「いいえ。出社はします」

「そうか。わかった。くれぐれも無理しないように」

そう言って榎並は電話を切った。心の問題ではないか、それが気がかりだったが、単に疲れが出たのかもしれない、と榎並はどこかホッとした気分だった。

ところが、その日、平木は自分で宣言したとおり11時に出社してきたものの、次の日も遅刻。しかも、この2日間の平木は会議以外は誰とも会話せず、ひたすらPCを睨んでいる。榎並としては気軽に声をかけてみようかとも思うが、平木の硬い表情の前に気が萎《な》えてしまう自分がいた。「声、かけづらいなぁ……」。しかも、一昨日ユリに話したような指導というか、今後の改善策の要望を今の平木にしていいものか、二の足を踏んでしまう。彼は以前、体調を崩して数か月休職したことがある。今の彼の立場に立って考えてみると、あまり強く要望するのは得策ではない気もする。

かたや河合はというと、その後何もなかったかのように、淡々と仕事をしている。ユリが何か俺に言いたげで、でも何も言ってこないのは、居酒屋で話したことを思い出しているからかもしれない。榎並は半日思いを巡らした揚げ句、大高に電話で相談することにした。

榎並、大高に電話で相談　2月23日

河合と平木、それぞれに何をどう話すべきか

空いている会議室を見つけ、榎並は大高に電話をかけて昨日の平木と河合との一件について、ひと通り話をした。

「では、榎並さんにあえて、といいますか、改めて質問させていただきますね。3か月後、チームがどんなふうになっているのが理想だと榎並さんはお考えになりますか？　また平木さん、河合さんそれぞれがどんなふうにお話しになっているといいか、どんなセリフを言っているか考えてみてください」

榎並の話にじっと耳を傾けていた大高からそう尋ねられた榎並は、しばし考えた後でこう答えた。

「そうですね。まずはお客様に真に役立つと考えたことは即実行したり、お互いの考えを自由に話し合って、『それいいね！』となったらみんなで協力し合って実現できるような、そんなチームにしたいです。

あとはたとえば平木の場合、お客様がおっしゃることを鵜呑みにするのではなく、ときに顧客からの要望があっても、お客様のためにならないと思えば断ることのできる気概とか、お客様のことをプロとして支えるといったスタンスがほしいですね。

セリフで言うと、お客様のご要望に対してすぐに『わかりました！』と言うのではなくて、『いま○○さんがおっしゃったことというのは、こういうことを実現したいということですか？　であれば今ご要望いただいたやり方よりも、こうしたほうがいいと思います』なんて言えるようになったら最高ですね」

「いいですねー。河合さんについてはどうですか」

「はい。私の目から見ると、ちょっと効率性を必要以上に重視しすぎるというか、時折『それって必要ですか？』と営業メンバーに詰め寄るような場面があって、若手を萎縮させてしまうようなところがあるんですよね。

なのでもう少しホスピタリティっていうんでしょうか、物言いがやわらかくなるだけでもだいぶ印象が違うと思うのですが……。ただ、まだよくわからないです」

「そうですか。では逆に、榎並さんが河合さんと同じ力量、知識、役割、性別だったとしたら、どんなふうに今を感じていると思いますか」

「うーん。いやー。正直、わからないです。想像したことすらなかったです。考えたら仕事以外でのコミュニケーションを彼女とはとったことがなくて。彼女がうちでどんなキャリアを歩みたいと思っているのか、ずっと働きたいと思っているのかそうでもないのか、といったことすら聞いたことがないかもしれません」

「ありがとうございます。では改めて、榎並さんはお二人とどのようにコミュニケーションをとりたいとお考えになりますか」

「はい。まず先日の件について、河合さん自身がどんなふうに受け止めているか、今改めてどう思っているかをまず聞きたいです。できれば今後、うちでどんなふうに仕事をしていきたいと思っているのかも聞けたら聞いてみたいですね。

そのうえで、私が考えている『チームをどうしたいと思っているか』、つまりお客様のためにこのチームがあることとか、今、大高さんにお話しした3か月後の理想像を彼女にも伝えたうえで、河合さんはどう思うか聞こうと思います。

彼女の言い分というのでしょうか、考えもしっかり聞いて、円滑な頼み方や依頼方法をみんなで話し合いたいと思っていることを伝えたいですね。

もしかしたらいろんな営業から雑にお願いしたいタスクだけが伝えられていて、『お願い、やってよー』とだけ一方的に言われている可能性もあるかなと今思いました。

もしそうしたコミュニケーションしかとっていないなら、早めにみんなで軌道修正したいし、ストレスを感じているようなことがあれば気軽に私に言ってほしいと伝えたいと思います」

榎並は、河合がてきぱきと仕事をしている姿を思い浮かべながらも、彼女のことについて自分が何ひとつ理解していないことを痛感していた。大高に言われて、考えを巡らせることで、頭の中が少しずつ整理されていくような気がしていた。

「そして平木に関してですが、今どのような心身状態かを率直に話してもらって、仕事に向かえる状態をまずは整えようや、と伝えようかと。

先日の件については、お客様のためになんとかしようという思いやギリギリまで頑張ろうという気持ちは全然間違っていないよ、ということを伝えたうえで、チームで協力し合ってどうやったらスムーズに進められると思うか、次回からどういう改善をすればよいのかを一緒に考えよう、と言おうと思います」

「いいですね！『相手の立場に立つ』ことを覚え始めたマネジャーは、時に相手に要望したり、厳しい指摘をしたりすることができなくなってしまうことも多いんです。でもそれでは本末転倒になってしまう。

相手の立場に立ったうえで、相手の成長と業績向上に資するサポートをするのがマネジャーの役割です。榎並さんはその感覚をつかみ始めてますね」

「大高さん、ありがとうございます。平木と河合の件については、私のなかでも今後打つ手がはっきりしました。平木については、体調を見ながらタイミングのいいときに、河合さんについては、今日この後話を聞いてみます」

榎並は、やや興奮気味に大高に礼を言い、誰もいない会議室で深々とお辞儀をした。

小林を本気にさせる方法なんてあるのか

「それはよかったです。『に、ついては』ということですが、ほかに気になっていらっしゃることがおありですか？」

大高にそう聞かれるのをわかっていたとばかりに榎並は話し始める。

「はい。大高さんのサポートのおかげで、チームの雰囲気はよくなってきているし少しずつ行動も変わってきている気もするのですが、なにせ業績が厳しくて。ご存じの通り若手が多いので、商談の先行きに関する読みが甘いんです。『大丈夫です！』と言っていた案件で『ダメでした』となる確率も高くて。

私か坂本かのいずれかが、重要案件は同行して一緒に回るようにしているのですが、伺ったときにはすでに勝負がついていたりして。そのあたりの商談の進捗の把握がどうしても平木、須藤、遠山は甘いというか、まだ力不足のようなんです」

「なるほど。では、ご提案が2つあります。

一つは、DiSCをみなさんとやりましょう。先日、榎並さんにお話ししたと思いますが、自分の特性やコミュニケーションの癖がわかりますから、きっとチーム内の相互理解だけでなく、お客様とみなさんが商談をより効果的に進めたり、お客様とのコミュニケーションをより円滑にする手助けになると思います。

もうひとつは、平木さんや須藤さん、遠山さんのサポートを、小林さんに依頼してみてはいかがでしょうか、という提案です」

「はい。DiSCについては、坂本にも話していて、ぜひやっていただけたらと思っています。ですが……、あの、小林さんは難しいのではないでしょうか」

「ではDiSCは来週のセッションでやりましょう。小林さんの件、そうですか……。ではあえて伺いますが、小林さんのいいところはどこですか」

「うーん、そうですね。やはりベテランなので、お客様の表情を読んだり、お客様の感覚というのでしょうか、あまり言葉にならないことをつかむ嗅覚はすごいです。さすがというべきでしょうか」

「ということは、今榎並さんがご苦労されているとおっしゃっておられた、お客様の商談の進捗や、お客様の意向や心理状態をつかむのは小林さんがお得意ってことですよね」

「うわぁ、確かにそうですね。ああ、また例の癖が出てしまいました。できていないところではなく、できているところに目を向ける、ですよね」

「そうです、そうです。若手に同行してもらい、指導していただくことを依頼してみてはいかがでしょうか？」

「そうですね。でも本当にできるのかなー。やっぱりちょっと怖いです。変なこと指導したりしないかと。彼、いつもネガティブな発言が多くて、若手が影響受けないか心配です」

「そうですか。では次の一手として、何があれば目標達成できますか？」

「うーん。確かに、現時点で考えつく手はほぼすべて打っていますし……。小林さんが前向きに、本気になってくれれば、もともとは管理職をやっていた方なので、お任せできるかもしれないですね」

「では、小林さんを前向きに、本気にさせるために、榎並さんができることはありますか？」

「私ができることですか？　うーん。彼はもう出世はあきらめているし、正直消化試合みたいな風情があります。あ、でも、もともとは頼りにされたり、感謝されたりするのが大好きな人だってことを思い出しました。『こいつらをどうにかしたいから、ひと肌脱いでいただけますか？』と頼んでみるのがいいかもしれません。うーん……。ああ、そうか」

「どうされました？」

「いや、私自身が小林さんはもう無理、って思っちゃってたんですけど、小林さん自身もご自身に対してどこかでそう思っているのかもしれないなぁと。

あと、私のほうが、なんとなく小林さんとコミュニケーションしづらいというか、正面から向き合うのを避けていたように思います。もともと、すごくお世話になった方だし、プライドもあるだろうから私なんかにあれこれ言われたくないだろうな、という遠慮から、結局彼ときちんと向き合い要望することを避けていたといいましょうか。

きっと小林さんのことだから、私のそういう気持ちというか、考えを見抜いていて、こういう状態になっているのかもしれません」

「それはとても大切なことに気づかれましたね。小林さんの可能性自体を、榎並さんが信じることができるようになれば、必ず結果も変わっていきます。

まさに可能性のマネジメントです。明日、小林さんとお話しできそうですか？」

「はい。やってみます」

榎並は今まで以上に、自分のなかに力がわいてくるのを感じながら、力強くそう答えた。平木と河合の件についてもやるべきことが見えてきた。あとは……、榎並は小林にとりあえずメールを送った。

小林、都内カフェにて　2月23日　16時30分

昔はよかった、〝昭和のひろし〟の憂鬱

「小林さん。明日、1時間ほどいただけますか」

榎並からのメールを、小林洋は得意先との打ち合わせを終えて入ったカフェで、苦々しい表情をしながら開いていた。また面倒なことを言われるのだろうと小林は憂鬱な気分でメールの文字を眺めた。

課長になってからの榎並は、俺を誰だと思っているのだろう。大学出たばかりの、右も左もわからない榎並を育てたのは、一体誰だ？　その恩も忘れて、榎並の口から出るセリフは「もっとコミットして」とか「ブラッシュアップしてください」とか横文字ばかり。「新しい営業スタイルに早く慣れてください」が、まるで挨拶のように毎日口をついて出る。課長になりたてだから未熟なのは仕方がないとも思いつつ、彼の物言いは正直、小林には腹に据えかねるところがある。

高校を卒業し、東京厨房機器の前身である荒川厨房機器に小林が入社したのは、今から37年前のことだ。当時の従業員数は15名。荒川区の零細企業から一部上場企業にまで育てあげた自負が、小林にはあった。

月並みな表現ではあるが、誰よりも身を粉にして働いてきたし、会社の、ときに横暴とも思える指示や命令にも、文句も言わずに従ってきた。急成長の過程では、どこでもそうかもしれないが、墓場にまでもっていかなくてはいけない立ち回りだってあった。

長らく家をあけることも厭《いと》わず文字通り身を捧げた結果、当時の妻子はある日家を出ていき、半年後に離婚届が送られてきた。

これだけの犠牲を払いながらも忠信を示し続けた自分に対しての会社の仕打ちは、はっきり言って不可解としか言いようがない。

役職定年制度導入に関する話はもちろん何年か前から聞いてはいたが、最大の功労者の一人と言っていいであろう自分にそれが適用されるとは、小林は夢にも思わなかった。社長である田上から呼び出されたとき、顧問になってくれとでも言われるかと思いきや、一平社員として、榎並の下についてヤツを支えてやってほしいなどと伝えられたときには、本当に頭が真っ白になったのを小林は今でも鮮明に覚えている。しかも、年収は前年度の半分だ。

本来であれば、こちらから願い下げだ！　と啖呵を切りたい小林であったが、その後再婚した10歳年下の妻との間の子どもは、まだ高校生である。これからまだまだ金がかかるし、この歳でほかに雇ってくれるところがあるかといえば、正直世の中それほど甘いものではないことくらい、小林にもわかっていた。そうした自分の足元を田上に見られた気がして、彼のなかでは怒りと自己嫌悪とが入り交じり、きわめて鬱屈《うっくつ》した感情となっていった。

「昔は、よかった」

社の業績は毎年倍々ゲームで伸び、従業員も仲がよく家族同然だった。しかし上場後しばらくして同期の田上が社長になってからというもの、コストカットだなんだと、辛気臭いことばかり言われるようになった。数字、数字の毎日で、それを真に受けている榎並は、これまた数字のことしか言わない。営業は、お客様の課題を解決することであり、お役に立ってこそナンボだ。それを叩き込んでやったはずなのに、あいつは部下を「数字を上げる道具」くらいにしか見ていないようなふしがある。

昔はかわいいやつだったのに、いつからプライドだけが高い成熟度の低い男になってしまったのか。それでも榎並のチームに配属された当初は、最後のご奉公と思ってサポートしてやろうと思っていたが、今では正直、助けてやろうという気すら起きない。方針もふわふわしているし、メンバーのダメなとこばかり指摘してくる彼のマネジメントスタイルがチームの雰囲気を悪くしていることは間違いない。

このままでは、平木も須藤も遠山も、彼らの成長は、おぼつかない。せっかく彼らは大きなポテンシャルを秘めているのに、榎並の指導は彼らの可能性をひたすら奪い続けている。小林はこの半年以上、ずっとそう思っていた。

以前、一度教えてやろうと榎並と話をしたこともあったが、「そういう小林さんはどうなんですか」と反抗され、その瞬間にまともにコミュニケーションをとろうという気は失せた。向こうも向こうで、遠慮しているのか厄介だと思っているのかわからないが、以来あまり積極的にこちらには踏み込んでは来ない。小林は、まあ、このままでいいかと、あきらめていたのだが、最近、榎並が大高さんとかいうコンサルを連れてきてから、少しはマシになった気がしないでもない。チームの雰囲気も変わってきたと小林も感じていた。

でも、このタイミングで榎並と話すのは気が重い。どうやってのらりくらり逃げようか。緊急でアポが入ったことにするかな、とそこまで考えて、小林は榎並からのメールに返信もせずにパソコンをぱたんと閉じた。

榎並と小林、オフィスにて　2月24日　18時

東京厨房機器の東京営業部オフィスは、品川の港南口に2年前に建てられたビルに入っており、フロアは事務系の従業員が陣取る固定席に加え50席ほどのフリーデスクと、あちらこちらにカフェのようなソファ席、そして込み入った話をするときのために仕切られた、ファミレスの4人席のような便利かつ快適な小部屋が用意されている。

榎並は小林との約束の30分前から、オフィスのフロアの一角にある、仕切りのある窓際のソファ席に腰を下ろしていた。初夏には街路樹の緑が一斉に芽吹き、美しい光景が広がり、特等席になるこの場所で、小林とどのように話すかに思いを巡らせていた。もちろん、今は真冬で、窓の外は朝からときおり降る雪で寒々としているが、「今日は、絶対に小林さんと話すまで帰らない」と榎並は覚悟を決めていた。

朝会の後で早々に榎並は小林に声をかけたが、そのときはいつも通りというべきか、「いや、今日は得意先の役員アポがあるからダメですね、すみません」と逃げられそうになった。これまでであれば、「そうですか仕方ありませんね」と力なく答えていた榎並だったが、「わかりました。ではお帰りになるまでお待ちしています」ときっぱりと小林

に伝えた。すると小林はこちらが笑ってしまうくらいあからさまにしぶしぶと遅い帰社時間を教えてくれた。

腹をくくって正直に話して任せる、という決心

「あ、また雪が降ってきたな」

約束の時間を10分ほど過ぎたころ、榎並がちらちらと舞い始めた窓の外の雪に目をやったのとほぼ同時に、冷たい外気をまとって小林が小部屋に現れた。

「榎並、待たせたな。すまんすまん」

「いえ小林さん、こちらこそ遅い時間にすみません。お時間つくってくださりありがとうございます」

「で、何？　なんか話あるんだろ？」

「はい。実は、小林さんに助けていただきたいことがありまして」

榎並は、昨年の4月に課長になったときから大高を招くまでの自分が、どのようにマネジメントに向かえばよいかまったくわからなかったこと、小林さんに指導を仰ぎたいと思っていたが、自分のつまらないプライドが邪魔してお願いできなかったこと。これまで本気で自分や、チームに向き合ってなかったと感じているということ。そして、大高が来

てからこれまでの自分の心境の変化や、チームにかける思いの変化までを丁寧に小林に説明した。気づけば、20分以上を費やしていた。その間、小林は黙って榎並の話に耳を傾けていた。

「すみません、説明が長くなってしまって。それで、助けていただきたいというのは……。小林さん、あいつらの指導をしていただけませんでしょうか。小林さんの伝説の営業スキルを彼らに伝授してやってほしいんです。あいつらのために、ひと肌脱いでいただけませんか？　私自身も、小林さんのご指導をもう一度いただきたいんです」

榎並はそう言って、小林に深々と頭を下げた。

「ちょ、ちょっと榎並さん、顔を上げてください。そ、そんなふうに改めて言われると困っちゃうよ～」

「小林さんに榎並さんて言われたの初めてですね。いつも呼び捨てじゃないですか。いつも通りでお願いします」

「あ、いつも偉そうですみません。でも今、榎並さんの話を聞いて、あなたがあいつらのことを本気で育てたい、って思ってることが伝わってきました。

ご存じかとは思いますが、自分も義理人情派なんでね。

人は誰でもいい仕事をしたいし、そういう想いで動きます。自分だってそうです。

実は最後のご奉公をしたいと思って榎並チームに来たんですが、今まで、榎並さんがどういうチーム運営をしたいのか、わからないところがありました。だからどう接すればいいかも正直、自分もわからなかった。まぁ、やるべきことだけやってりゃいいや、って思ってしまってたふしもあったかもしれません。でも今、あなたが本気なんだってことがわかりました。

榎並課長。今期、絶対達成しましょう。自分、頑張ります」

「ありがとうございます。小林さんにそうおっしゃっていただけて心強いです」

小林の言葉を聞いて、榎並は胸が熱くなると同時に、小林の可能性を奪っていたのは、やっぱり自分だったのだと確信した。小林と固い握手をしながら、「申し訳ありませんでした、小林さん」と、榎並は心の中で反省の言葉を何度も繰り返した。

「じゃ、自分は失礼します」という小林に、榎並は「あ、ありがとうございます。僕は少しここに残って事務作業することにします」と返した。

窓の外はすっかり暗くなっていたが、街路樹に積もり始めた雪が白く光り輝いている。榎並の手の中には、小林との握手の温かい余韻が確かに残っている。榎並は、すがすがしい気持ちで、明日の会議資料に目を落とした。

小林、ひとり居酒屋にて　2月24日　20時10分

俺のなかにはまだ、熱いものがある

「今日は、ちょっと飲んで帰る」

小林はそう妻にＬＩＮＥを送り、久しぶりに馴染みの立ち飲み居酒屋で引っかけてから帰ることにした。

「それにしても、俺も、焼きが回ってきてたんだな」と苦笑いが漏れる。

当初は榎並の申し出にのらりくらり逃げようとしたが、いつになく真剣なやつの眼を見て、気が変わった。榎並もひとりで悩んでいたんだな。その心境をわかってやれなかった俺が悪かった。一方的にやつがだめだと決めつけていたのは、俺のほうだったと小林はつくづく思った。

最後のご奉公のつもりとはいいながら、ずっと貢献し続けてきた自分を特別扱いしない会社や榎並に対して、ふてくされたような思いを抱いていたのは事実だ。半ば消化試合の気分で得意先を回っていればいいだろう。一方で、そもそも、彼らとのリレーションを築

いたのは俺だ、という思いもあった。

若いころに小林とともに奮闘し事業をつくってきた先方の当時の担当者は、ほとんどが今や役員や事業部長だ。戦友のような気分からか、今でも困ったときや新しい展開をするときには真っ先に小林に連絡が入ることもめずらしくない。

そういえば以前、研修のときに大高から、「小林さんが今の御社を築いたと言っても過言じゃないですね」と言われたときに「よくわかってるじゃねーか」と思ったが、同時に、そこにあぐらをかいてるのかもしれない、という思いが一瞬頭をよぎった。小林自身、どこかで気づいていたのだ。

「俺は、あのときの貯金で食っている――」そう思った瞬間、なんか、かっこ悪いなそれ、と小林は苦笑いをして、目の前でとっくに空になっているおちょこに燗酒を注いだ。

本当に最後のご奉公のつもりで、もう一花咲かせてやろうじゃないか。榎並の文句を言ってないで、俺が平木や須藤、遠山を育ててやればいいんじゃないか。昔、伝説の営業といわれた俺のノウハウを、彼らに伝授してやろうじゃないか。

「小林さん、あいつらのために、ひと肌脱いでいただけませんか？」とまっすぐに目を見て榎並から言われたときは、武者震いがしたではないか。

俺って、本当に根が単純というか、我ながら単細胞だな。でもそれでいい、と小林は思った。「俺のなかにはまだ、熱いものがある」――それがわかったことが、何よりもうれしかった。

「あれ、小林さん、めずらしいじゃないですか。あ、しかもなんかいいことありました？　ニコニコしちゃって。すごいすっきりした顔されてるし」

気風《きっぷ》のよい店の大将から、声をかけられた。

「あ、大将。わかる？　俺さ、なんか今日、もうちょっと頑張っちゃおうかなーって思うことあってさ。大将の顔、見に来たわけよ」

「小林さん、相変わらず調子いいなあー。じゃ、サービスで熱燗つけちゃおうかな」

「え、ほんと？　言ってみるもんだねー。じゃ、枝豆と、だし巻き追加で」

「あいよ！」

馴染みの大将との温かい会話に、その日は酒が進む小林だった。

第7章

2020XX年3月1日

雪解けのD・i・S・Cセッション

榎並チーム、大高との4回目のセッション　　3月1日　9時

今年3度目の雪が都内に3cmほど積もった3月1日。榎並チーム全メンバーは大高と一緒に東京営業部オフィスの会議室にいた。

今日は、大高からの提案を受けて実施した、コミュニケーション理解ツール「DiSC®」の研修の日だ。背の高い大高がホワイトボードの前に立つと、みんなの目には大高が一層大きく映った。自身の結果報告書にひと通りみんなが目を通し、お互いにあでもないこうでもない、というやりとりが一段落して一同が耳を傾けるムードになったことを確認すると、大高は穏やかに説明を始めた。

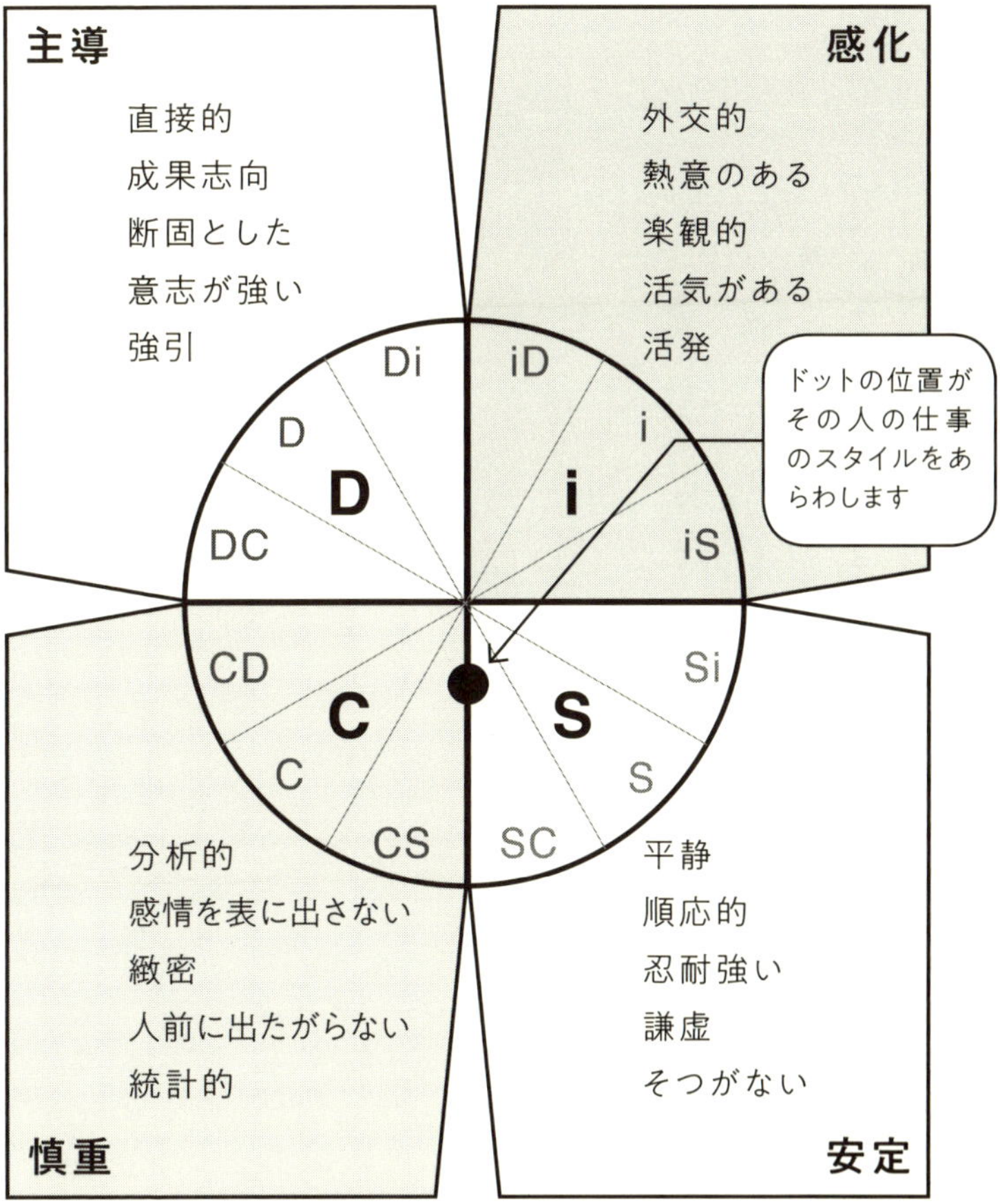

DiSC スタイルの解説

大高「ＤｉＳＣというのは、ＤｉＳＣ理論に基づく自己分析ツールです。

自分を理解するとともに、自分以外のスタイルの人の欲求や特徴などを理解することを助けます。そして、自分以外の人に、どう接すればいいか、自分がどう適応すればより円滑なコミュニケーションが実現できるかのヒントを得ることができるものです。

職場の人間関係やコミュニケーションをよりよくするために使われたり、営業ではお客様との関係構築やコミュニケーションをよりよくするために使われています。

自分と他者の行動、その内面にある人の動機や欲求を理解することで、お互いの理解を深めつつ、自分のコミュニケーションの適応度を高めることができます。

みなさん、ひと通りお手元の結果をお読みいただきましたね？

では、これは私の結果ですが、これを使って説明します。

ＤｉＳＣモデルは、Ｄ、ｉ、Ｓ、Ｃの4つの基本スタイルから成り立っています。それぞれのスタイルは3つの領域に分けられます。つまり4×3で12の領域ですね。

お手元のご自分の結果を見てください。

黒いドット（●）はどこにありますか。　そのドットの位置が、ご自分のＤｉＳＣスタイルを示しています。

左上から時計回りに、Ｄ（主導）、ｉ（感化）、Ｓ（慎重）、Ｃ（安定）とありますね。

人は誰もがこの4要素をもっていますし、それぞれ同等の価値をもつものですが、一方で人により職場で優先しやすいことや好みがあります。自分と、そして他者がとりやすいアプローチを理解することで、より円滑なコミュニケーションの助けになる、という考え方です。

みなさんそれぞれ、どこにドットがありますか？ 差し支えなければお聞かせください。榎並さんは？」

榎並「はい、私はDiってなってます。あ、ユリも同じだね」

ユリ「もー、勝手に見ないでください。なんか榎並課長と一緒なんて、微妙です」

〝ユリ様〟お得意の、小生意気ながらもそのキャラクターからチャーミングに映る発言に、大高は穏やかな笑顔を向けた。

大高「坂本さん。ご自身の特徴を読んで、どんなふうにお感じになりますか？」

ユリ「え、あ、はい。そうですね〜。

『行動することにプライオリティを置く』とか、『飽きやすくユニークな業務や速いペースを好む』とか、あと『成果を出すことに優先順位を高く置き、迅速に自分の目標を達成するために働く』といったことはその通りだなと思います。

一方で、『直接的、強引な印象を与えることがある』とか、課題として『他者への配慮の欠如、短気、無神経』と書かれてあって、えーっ？　と思いましたけど、前に榎並課長に指摘されたことってこれかぁとも思いました。確かにそういうところ、あるかもしれないです。

須藤「ユリさん、そういうところがまさにDiなんじゃないですか？

ねー、みんなはどうだったの。私ホワイトボードに書くから教えて」

めずらしく須藤がおどけたコメントをして場を盛り上げた。

ユリ「確かに。須藤は？　えっと……Cでしょ、C」

須藤「あ、はいそうです。D寄りのCのようです。わかりやすいですかね、僕。小林さんはiでしょ」

小林「おー。一応な。S寄りのiだな。他者に与える印象は『魅力、熱意、社交性』まさに俺だな。ははは」

須藤「でも衝動的、無秩序、最後までやり通せない、とも書いてありますよ」

小林「須藤、おまえ、ほんとにかわいくないな。ほれ、Cには過度に批判的、過度な分析、孤立って書いてあるぞ。気をつけろよ」

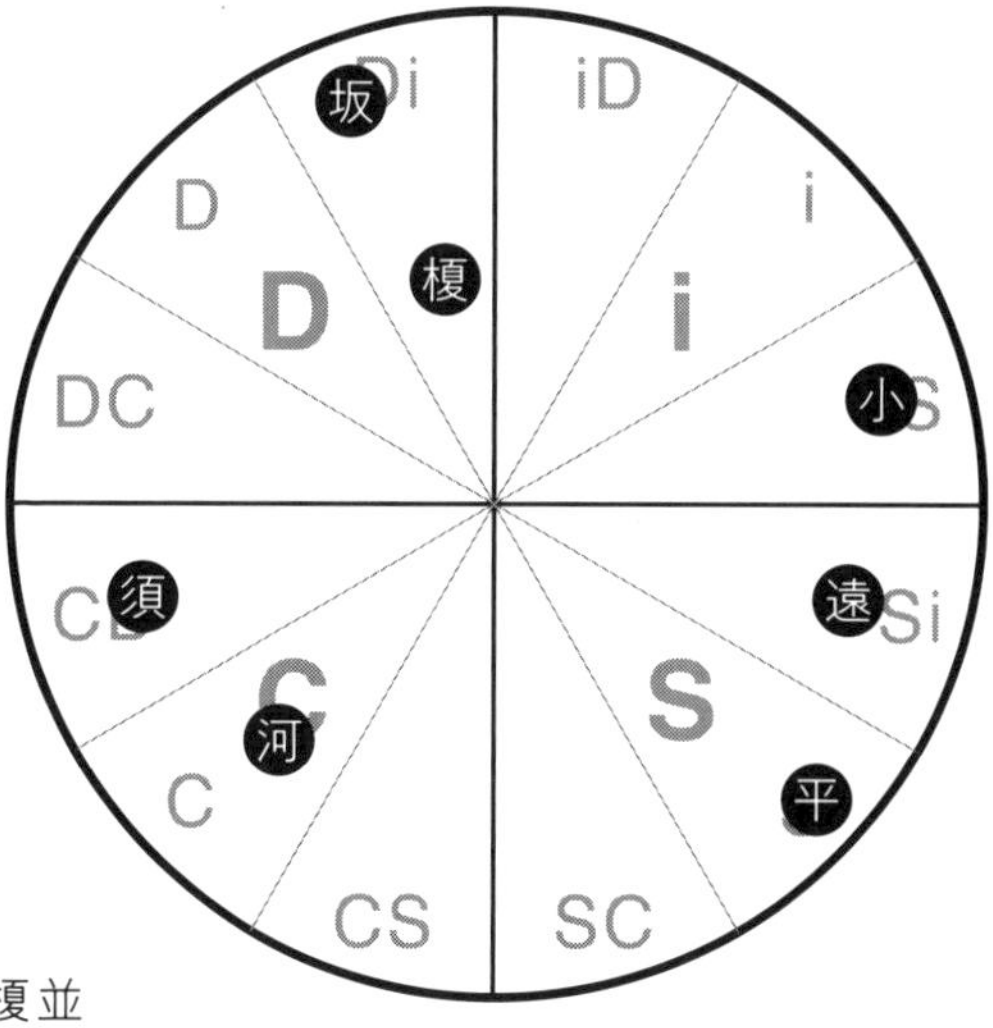

榎 榎並
遠 遠山
須 須藤
平 平木
坂 坂本
小 小林
河 河合

榎並チームの全員のDiSC結果

小林と須藤との見慣れたやりとりは、少し前までは対立しているようにしか見えなかったがいつの間にか今ではじゃれあっているように見える。彼らが楽しそうにしているかたわらで、ユリはホワイトボードの円の中に全員の名前を書いていった。

もしかしたら、かなりバランスのいいチームかも！

ユリ「なんだかこれを見ると、うちってすごいバランスがいいチームなのかもね。普通、どこかに偏ってたりすると思うんだけど、私たちうまい具合にばらけてるね」

榎並「確かにそうだなー。

あと気づいたのがさ、やっぱり自分の特徴に近い人間のほうが親近感があるのか、コミュニケーションをとりやすいって思ってたかもしれないけれど、逆に自分と違うスタイルの人とのほうがお互いの課題を補い合えたり、自分にない特徴をもってるからそれだけ尊敬できたりもするのかなって思ったな。

たとえばさ、遠山っていっつも前向きで元気ていうか、泣き言みたいなこと言ったことないよな。それ、俺すげー尊敬してるんだよ。やっぱこれもSｉのなせる技なのかな」

榎並がそうコメントすると、遠山はいつもの快活さにいつの間にか思慮深ささえ漂うような笑顔で応えた。

遠山「ありがとうございます。そうですね。あとは、やっぱり自分と接してくださる方が元気になるような言い方をしよう、というのは心がけてます」

榎並「へー。すごいね。それってやっぱりもともとなの？　小さいころから」

遠山「うーんそうですね……。そうかもしれないですし、家庭環境もあるかもしれないですね。実はうちの母、私が小さいころからすごい病弱で。あまり精神的にも強くないので、私がちょっと弱音を吐くと、心配しすぎて体調が悪くなっちゃうような優しい人なんです。なので、自然と『大丈夫！』って言うのが癖になっちゃったといいますか。

榎並さんの特訓で、それが〝楽観的にすぎる〟という自分の特徴になっちゃったんだなと気づいてから、仕事は慎重に、リスクとかネガティブサイドも考えるようにはしてるんですが」

ユリ「ネガティブサイドなんて単語が遠山から出てくるなんて感動！　なんか遠山、ほんとたくましくなったねー」

ユリに褒められ遠山がさらに満面の笑顔になったとき、それまではひと言もしゃべらなかった河合がおもむろに口をひらいた。

河合「あの、立ち入ったことを伺うようですが、お母様は今、遠山さんと一緒に住んでいらっしゃるんですか？」

遠山「え。あ、いえ。私には姉がいまして、近所なんですが姉夫婦が母と同居しています。私も週に2、3回は顔を出すようにしてますが」

河合「あ、そうなんですね。そうか。私にも遠山さんみたいな弟がいたらなぁ……」

遠山「河合さん？」

河合「あ、すみません」

遠山「河合さん、気になるじゃないですか。どうしたんですかぁ」

榎並「遠山、誰だって話したくないことあるからさ。河合さん、無理に話す必要はないから」

河合「あの、実は、私も病弱の母と同居していまして。遠山さんはいつも快活でお元気だから、そんな事情があるとは知らなくて、すごいなーと思ったので。営業でいらっしゃるから時間のやりくりとかも大変だろうし、もし同居されてるとしたら工夫していることとかあったら伺おうと思って」

榎並「河合さん、無理に話さなくても大丈夫だよ」

榎並は、先日話を聞いたときに「個人的なことなのでみんなには言いたくないです」と言っていた河合の言葉を思い出していた。河合の〝突然の告白〟に榎並がうろたえていると、ユリが榎並の気持ちを代弁してくれた。

ユリ「河合さん、そうだったの。いつも定時きっかりに退社するのもそういう事情があったのね。私、全然知らなくて、ごめんなさい。

すごいプライベートを大事にしてるんだなあ、くらいにしか思ってなかった。もし知ってたら、もっと配慮してお仕事頼むとかできたと思う。改めて今後は、みんなで協力することにしよう。ね、みんな。河合さん、話してくれてありがとう」

河合「いいえ、なんだかすみません」

ユリ「なんで謝るの」

河合「いや、極めて個人的なことなので、それでみなさんにご迷惑をかけるのは申し訳ないと思いまして。仕事は仕事ですから、今までと同様でお願いします」

河合がいつもの顔に戻り、今まで通りでと念を押すと、平木がいつになく河合の声に被さるように発言を重ねた。

平木「いえ、河合さん。そうした事情があるとも知らずに私、退社時間の直前に次の日までの仕事をお願いしてしまったりして、本当にすみませんでした。

河合さんは仕事ができるし、あとなんていうか……、私が以前体調を崩したこととかについても、ほかの方は遠慮気味というか、私との接し方をどうしようかと思っている感じだったなか、変わらずにすごく自然に接してくださるので、気が楽だったところもあって。

河合さんがどんなふうに感じていらっしゃるかへの配慮が欠けてたな、って、先日榎並さんにも指摘いただいて、すごく反省したんです。自分のことだけで精一杯で……申し訳ありませんでした」

河合「いえ。私こそ先日は大人げない言い方をしてしまって、申し訳ありませんでした。

あの後、榎並さんがお時間とってくださって、私がどう感じているかを聴いてくださったときに、私の一人よがりというのでしょうか、平木さんがどんなにお客様のことを大切にされているかに思いが至らずに一方的な伝え方をしてしまったことに気づいたんです。

平木さんお優しいから、きっと気にされてるだろうなとも思ったのですが、でもかえって大げさにしてもいけないかな、とか私もどう振る舞ったらいいか悩んでしまって……」

いい仕事するためにも、お互いオープンに話すのは大事じゃない？

ユリ「平木も河合さんも、そうだったんだ。私も『そんな四角四面じゃ困る』とか声をあらげてしまって、ごめんなさい。

なんか今日、大高さんにこれやってもらってすごくよかったです。

私、みんながみんな私と同じように感じたり、考えたりしていないこと、ちゃんと考えたら当たり前なんだけど、そんなことにも気づいてなかったかもしれません。

なんていうんだろう、正義感が強いっていうか、『こうすべき』ってのを人にも強制しちゃうっていうか、そういういけない癖があるんだなぁって思いました。この結果にも『動機づけ＝権力、権限、競争』って書いてあるし。あとコントロールを失うことへの恐れというのもあって、これは正直図星すぎてちょっとうろたえてます。ははははは。

でも、そういうところ、克服していきたいので、みんな今後はそういう癖、私に出てたら指摘してください。お願いします」

河合「いえユリさん。いつもユリさんはバリバリお仕事できて、活動的で素敵だなぁって思ってます。でも今のお話を伺って、私は『私であるべき』が強かったのかも、って感じました。Cのところに『感情を表に出さない』ってありますけど、私は自分の事情や感情は抑え込んでやるのが仕事だと思っていたんだなと」

河合たちがお互いに内省の弁を重ねるなか、ずっと自分の子どもを見守るような優しい眼で話を聞いていた小林がおどけるように口をひらいた。

小林「河合さん、いいねー。もっと河合さんが考えてること、感じてること、いろいろ教えてよ。いやー、なんかみんなすごいねぇ。もしかして大高さんと事前に打ち合わせした？　なんてね。いいコメントで、おじさん、感動しちゃったな。榎並チームは安泰ですね。

あとさ、ちょっと真面目なこと言うとね。みんな、もちろん無理にプライベートのことを話したり、個人的な事情を気にしすぎる必要はないけど、やっぱりいい仕事するためにね、お互い感じたこととか、自分の癖とか、諸般の事情ってやつをさ、こうやってオープンに話し合ったり、思いやりをもって接するってことを心がけることが大事なんじゃないかな？

そうすれば、助け合えるじゃん。配慮と遠慮は違うっていうしね。あ、俺今いいこと言ったぞ。な、須藤」

須藤「確かにー。小林さんもなんか別人みたいじゃないですか」
小林「おい須藤！　ほんとにお前はかわいくねーコメントばっかしよるな」
須藤「いや、褒めてるんですよ」
小林「ふん。お前なんかに褒められたって1円にもならねーっての」

またお得意の二人のじゃれあいが始まったところで、榎並は今後、小林が遠山、須藤、平木の育成担当になることを伝えた。

「小林先生！　ご指導よろしくお願いいたします」小林の前で、遠山がほぼ直角におじぎをすると、誰かの拍手を合図に、会議室全体が拍手の嵐となった。

平木はもちろん、須藤もにこやかな表情で小林を歓迎している様子だ。やはり小林の実力は、みんなのほうが認めていたということだろう。榎並は改めて反省を深め、しばらく小林に任せて自分は見守ることを決意した。

ここで、解説

心理的安全性を確保する

マネジメントにおいて極めて重要な概念に、「心理的安全性」というものがあります。これは以前、GAFAの一角であるグーグル社が、生産性の高いチームがもつ共通点および成功因子としてこの概念を取り上げたことで、有名になりました。

プロジェクト・アリストテレス(Project Aristotle)と銘打たれたそのプロジェクトにおいて、彼らは「すぐれたチームの構築に最も重要なものは心理的安全性である」ということを突き止めたのです。

心理的安全性とは、チームにおいて、ほかのメンバーが自分が発言することを恥じたり、拒絶したり、罰を与えるようなことをしないという確信をもっている状態であり、チームは対人リスクをとるのに安全な場所であるとの信念がメンバー間で共有された状態（エドモンドソン、1999）と定義されています。

この、「人としての温かさ」と、「ストレートなフィードバックをオープンに笑顔でできる職場の強さ」が確保された場をつくるうえでは、マネジャーの自己開示が極めて重要です。

榎並チームにおいても、榎並マネジャー自身が自分の心のうちを開示することや、メンバー一人ひとりの立場を尊重した振る舞いを見せること、自身の過ちを率直に認め、改善をみんなに約束しながら努力をする姿を見せる過程で、少しずつ、しかし確実に心理的安全性が確立されていきました。

この心理的安全性がチームにもたらされ始めることで、メンバーは自分が置かれた状況や自身のことを冷静に認識することができるようになっていったり、周囲からの率直なフィードバックに対して恐れや不安を感じずに受け取ることができるようになっていったりします。

「恐れや不安を感じずに現状を正しく認識できる状態」は、良質な内省の出発点です。

メンバーが自分のできていない部分にも目を向け、「自分の考えよりもっとよい考えがあるかもしれない」「自分の考えがおかしい可能性もある」と他者のフィードバックを謙虚に受け入れることができれば、安定した成長を遂げることができます。

おそらくマネジメント現場においては、マネジャーから見てメンバー自身ができていないことや問題点を理解していないと感じる場面、理解が浅いなと感じる場面は多いことでしょう。事実、現状認識がずれている場合は本人がいくら内省に時間をかけたとしても、その内省は未来の成長にはつながりにくいものです。つまり「正しい現状認識」は、内省の大前提となるわけです。

ただし、マネジャーが現状を認識させようとして「ダメ出し」「叱責」という形で伝えた場合、受け手は事実として理解せず、「怒られる場」として認識し、早くその場を終わらせるにはどうしたらよいか？　という思考になります。

一方、マネジャーが単なる聞き役になってしまっても、現状認識がずれたまま内省をすることになり、成長にはつながりません。

大切なのは、内省の出発点として、現状認識を事実としてそろえること。そのために、過去の出来事をマイナス感情をまとわず事実として本人が認識できたことを確認したうえで、未来に向けた建設的なフィードバックを行うことが極めて重要になります。

「叱らない、放置しない」「未来のために過去の出来事を明るくフィードバックする」ことが肝要です。

オフィスにて、メンバー一致団結　3月20日

3月ももう半ばを過ぎたというのに、今年の寒さは、本当に厳しい。わがチームのヨミ状況のようだ、と榎並は苦笑交じりにそうひとりごちた。

「達成まで、あと1000万」

かなり厳しい。この状況に比べたら、今日の寒さは屁《へ》でもないと思えるほどの、まさに極地の厳しさだ。

ここ数か月で確かにメンバーみんなが変わってきた。特にここ数日、小林さんを中心に若手の主要顧客の同行、休眠していた顧客の開拓も含めて動きが非常によくなってきている。河合さんの協力姿勢も、あのDiSCの一件を境に、見違えるようである。しかし始動の時期が時期だった。この動きが数値に表れてくるまでには榎並の長年の営業経験上、早くてあと1か月は必要だ。しかしながら、期末まですでに2週間を切っている。

榎並が改めて顧客リストを睨んでいると、大塚部長がふらっと俺のデスクに来た。

「やー。榎並君。調子はどうだね。あと1週間ちょっと。約束は忘れてないね。元トップ営業マンのプライドを見せてくださいよ、期待してるからね。わっはっは」

なにもよりによってメンバー全員がそろっているときを見計らって嫌味を言いに来ることないじゃないか。ちくしょー。あのタヌキ野郎。持っていたマウスを榎並が叩きつけそうになったとき、「なによ、あのタヌキ野郎！」と甲高い声がした。

俺の脳内の声、漏れた？　と榎並があわてて見回すと、ユリが目の前で頭から湯気を上げていた。ユリの声か。よかった。あれ、よくないか？　榎並がボーッとしている間に、いつの間にか、河合も含めてチーム全員が榎並のデスクに集まっていた。

人も事業も大切なのは〝可能性〟

ユリ「もう悔しいから、絶対達成してやろう！　ねえ、本当に誰も案件ないの？」
平木「あと1週間半で納品もＯＫとなると、相当厳しいですよね」
小林「あのさ、『薄い案件』ない？」
ユリ「小林さん、『薄い案件』って何ですか？」
小林「たとえば一回役員会まで検討いただいたけどタイミング事情で断られた、とか、多くのお客様に提供する商品ではないけどむちゃくちゃニッチなニーズのある商品とか」
須藤「あ」
小林「なんだなんだ、言ってみろ」

須藤「あの、今のむちゃくちゃニッチなニーズで思い出したんですが。3か月前にリリースされた〝SPF〟ってスライサーがありますよね。あれ、社内でまだ誰も売ってないと思うんですけど、私あれ、一社だけ導入してもらったんです」
遠山「須藤さん、微妙に自慢、差し込みますね。どういう背景で？」
須藤「実はそこ、店舗の坪数を絞ってつくっていて、かなり狭い店舗なのでレイアウトも特殊なんです。で、SPFスライサーは、横幅がうちの通常のスライサーより10cmも短いので、そこの厨房にはそれしか入らないからって決めていただいたんですけど」
小林「それだ！」
榎並「小林さん、それだ、ってたまたまじゃないですかね」
小林「ゼロが1、つまりまったく売れたことがないものだと見込みはない。でも、1個でも売れたということは、必ず同じようなことで困っているお客さんがいる可能性が高いはず。時間がない。ほかにもっと可能性の高いところがあれば別だが、思い浮かぶか？　思い浮かばないなら、可能性のあるものをどうすれば成果につなげられるか真剣に知恵を出してみようぜ」
榎並「そうですね。確かに、たまたまかもしれませんが、可能性はあるということですよね。狭くてこのスライサーしか置けない店舗は、ほかにも絶対あるな。ちょっとリストアップしてみよう」

河合「はい、私リスト、20分で用意します。共有フォルダに入れるので、みなさん、フラグ立ててください」
ユリ「河合さん、ありがとう。20分でなんて、ほんとすごい。じゃあみんな、可能性を◎○△くらいで入れようか。で、1時間後にみんなでリスト見て、優先順位つけて誰がどこ回るか、決めよう」
小林「ね、みんな今、ぱっと思い浮かぶお客さんてないの」
須藤「あの」
小林「だから早く言え！」
須藤「私、同じニーズもってるチェーン店が、あと2社思い浮かんでます」
全員「早く言えー」
小林「榎並さん、同行お願いできますか」
榎並「小林さんもお願いします。須藤さん、すぐアポとって！」
ユリ「じゃあ私たちは、同じニーズがありそうな企業リストを一応作っておくね」

榎並チームの全員が、それぞれ重要な役割を携えて、四方八方へと散っていった。榎並のデスクのまわりに、今までの熱気の余韻が渦巻いていた。

エピローグ

ダメ出しからの脱却

20XX年5月7日

20XX年5月7日

117・2%。

今期、締めたばかりのわが榎並チームの業績だ。

わずか1週間で、須藤案件が1社試験導入として決まり、加えてすでに導入経験のあったチェーン店での全店舗導入が決定した。またSPFスライサーがまったく売れていない新商品であったことで、即納入可能な在庫が積み上がっていたことも助かった。

プレゼンテーション時の、小林さんの先方役員の心をつかんで離さない巧みな話術には、私自身も舌を巻いた。あれからというもの、彼は別人のようである。

須藤はこの案件を機に、スライサー伝道師化している。持ち前のなんでなんで病をいい形で生かした、説得力ある汎用企画書を作り、社内勉強会の講師で大忙しである。本人もまんざらではないようで、スライサーのプロになると息巻いている。

ユリは、相変わらず課内で圧倒的な業績を出してくれている。来期のマネジャー候補に推薦するつもりだ。うちのチームの戦力の中心なので、ここで抜けられるのは痛いが、全社のことを考えれば仕方ない。最近は遠山と平木の育成を任せるようにしてから、いろいろと彼女なりにも成長感があるようで、頼もしい限りである。

当の遠山は、憧れのユリ様にご指導を賜り、毎日が楽しくてならないらしい。

自分なりに仕事を工夫すればするほどユリにも褒めてもらえるのがうれしいようで、今のところ、餌をねだる犬よろしく、次々と仕事を欲する遠山を見て、不純な動機でも動機は大事だな、と感動すら覚える榎並であった。

平木はまだ体調が不安定なときもあるようだが、目に見えて回復しており、少しずつ主張もできるようになってきた。河合さんとの関係も良好のよう、というか、なんとなく最近の二人は怪しい。が、まぁお互いオトナだし。榎並は、見て見ぬふりを決め込んでいる。

河合さんはあれから、従来の正確さにホスピタリティが加わり、また自身のことも屈託なく話してくれるようになった。勘所を理解したのだろう、もともと優秀だった彼女は、最近では営業フローの効率化など、より高い視点でのサポートを進んで提案してくれるようになった。今ではうちの課にはなくてはならない存在になりつつある。

そして、もうすぐわが家も第二子が生まれる。男の子だ。

今回奈美恵は波羅のときよりも体調が安定しているようで、あれこれ男の子グッズを買い込んではうっとりしている。今からその日が本当に待ち遠しい。名前はまだ決めていなくて、榎並個人としては大高さんの名前をいただこうかとも考えたが、奈美恵に気持ち悪いと思われそうなので、それはやめておくことにした。

「ねぇパパー。みてみてぇー。ぴんくのちいさなおはな、さいてるよ」

最高の期末を終え、心の底から安堵した気持ちで迎えた週末。榎並は波羅と二人で近くの公園に遊びに来ていた。波羅の小さなかわいい手が指さす方向を見ると、薔薇のつぼみが、とある一か所だけ、いち早く開きかけている。

「ねぇねぇ、パパ。なんであそこだけさいてるのー」

「波羅。あそこだけ、お日さまがさしてるの、わかる？」

「うん。あそこだけ、あかるいね。ひだまりっていうんだよ」

「波羅、よく知ってるねー。お花がきれいに咲くためには、あったかいお日さまの光が必要なんだね」

「ふうん。じゃあ、波羅もひなたぼっこするー」

マネジメントと一緒だな、雲一つない青空を見上げて、そう榎並は思った。

自分は、この暖かい日差しには、まだまだ遠いけれど、この陽だまりのような場所を、メンバーと、家族とつくれたらいい。

榎並道は、自分のセリフが相当キザなことに気づき、波羅の姿を目で追いながら、一人でそっと苦笑した。

最後の、解説

可能性をマネジメントするとは？（マネジメント上のシナリオをもち、可能性を高めていく）

昨今、マネジャーへの負荷はますます大きいものとなっています。そのようななか、マネジャーはチームの成果を出すために、つい「どの問題を解決すべきか」という思考に向かいがちです。すべての問題を一気に解決することが極めて困難なことは、マネジャーのみなさまなら実感していると思います。

効果的なマネジメントを行ううえで重要なことは、「マネジメントシナリオ」をもつことです。「今、成果につながる可能性」に着目し、最初に何が変わればグッと成果に近づくか？　可能性が高まるか？　というスタンスに立って、ダメなことを探すのではなくできていることを出発点にすることが第一歩になります。その上で、メンバー同士が有機的につながっていくよう意識しながら、一人ひとりのシナリオを作り、面（組織）として成果に向かうシナリオを作っていくことができれば最高です。

シナリオ作りのステップは、

①一人ひとりの現状（強み、弱み）を把握すること
②組織全体として誰がどう変化すると大きく一歩前進するか（全メンバーが成長し成果につながるか）を見極めること
③②を実現するために具体的に何をするか？　を決めることです。

榎並チームにおいては、目標をクライマックスシーンでイメージすることから始まり、数値ではなくお客様に意識を向けるところからスタートしました。また榎並は、メンバーの立場に立ち、メンバーの今の力量だったら次に何をするかを考えながら、本人に問いかけるマネジメントスタイルへと変化を起こします。

そして一人ひとりと向き合い、変化に着目しながら試行錯誤を重ねていくことで、チームメンバーを成長させていきました。遠山には仕事の基本の型を根気強く指導することで、須藤には彼のよさを認め、答えを押しつけず考えを尊重することで変化を生み出しました。また、現有勢力で業績を上げるべくチームの可能性に着目し、経験豊かなユリや小林に、若手および中堅メンバー（平木、須藤、遠山ら）をうまくリードしてもらうことに決めて、動きました。

ユリにはより高い水準を求めるフィードバックを行い、積極的な発言を促してチーム全体の視点を引き上げる役割を担わせる。小林には今までの自分の言動を

詫び、そのうえで期待を伝え、チームを牽引する存在になってもらう。そのように、彼らを起点としてメンバーたちが有機的につながるような面づくりを意識したシナリオを描くことで、チーム全体の成長を実現していきました。

そして最後は、全社では売れていないものの、須藤が実際に売ったことのある商品に着眼し、それを中心としたシナリオを全員で展開することで業績を上げることができました。あまり売れていないから可能性がないのではなく、一つでも売れていたら、価値を感じてくれている人がいる、すなわち可能性の芽があるというものの見方ができると、1を2に、2を10にと可能性を広げていくことができます。

問題解決ではなく可能性を見つけ、可能性を出発点に、可能性が高まる次の一手を決めること。そして、有機的に組織が面としてつながり、成果を出していくイメージシナリオを作り展開していくこと。これが「可能性をマネジメントする」という原理原則です。

なお、メンバー別に整理すると、榎並チームの一人ひとりが、以下のような進歩を遂げたといえます。

榎並マネジャーと各メンバーの、この3か月での変化

遠山隆の場合

■マネジャー・榎並の変化

・もし自分が遠山の今の力量、性格、考え方だったらと、遠山の立場になって現状を見ようとするようになった。

・その結果、遠山のダメな部分ではなく「できている部分」「できるようになった部分」を認めることができるようになった。

・遠山の致命的な苦手克服のため、「型」を習得させる覚悟、時間とパワーを割く覚悟を決めることができた。遠山の可能性を信じ忍耐強い指導ができた。

■遠山本人の変化

・榎並の態度の変化により、遠山自身が自身の可能性の広がりを信じ、努力することができるようになった。

・基礎となる「型」を一歩ずつ習得することで、自信がつき、成長を実感し、劇的な変化を遂げた。

平木浩一の場合

■マネジャー・榎並の変化

・榎並がどうしてもらいたいかよりも、平木自身がどうしたいと思うのかを促す問いを繰り出すことができるようになった。

・平木自身の心身状態や本人の気持ちに思いを馳せながら、回復を待つことができた。

■平木本人の変化

・榎並の問いの変化（数字重視から顧客への提供価値重視）により、自分本位から顧客を主語とした営業スタイルに転換することができた。

・メンタル不調のサインに自分で気づき、立て直す努力をすることができた。職場の仲間を信頼し、ネガティブにならず努力することができるようになった。

須藤新の場合

■マネジャー・榎並の変化

・榎並自身のための振り返りではなく、須藤のための振り返り（内省の支援）ができるようになった。

・須藤の課題を指摘するのではなく、榎並自身が自身の課題を克服するプロセスを須藤に見せた。

■須藤本人の変化

・榎並が須藤を尊重しようとする姿勢や、努力する姿を間近で見ることにより、自分の課題に目を向けることができるようになった。

・個人的なメンターや先輩たちとのやりとりから、マネジャーの変化を認め、周囲の同僚を認め、自分の仕事、お客様に向き合うことができるようになった。

坂本ユリの場合

■マネジャー・榎並の変化

・より高い水準を求めるフィードバックをしながら、彼女に自身の気づきや工夫についての積極的な発言を促した。

・坂本の発言をチームメンバーに受け入れさせることで、チーム全体の視点を引き上げることに成功した。

■坂本本人の変化

・クライマックスシーンをイメージすることで、顧客への価値提供に思考をシフトできた
・Ｄｉｓｃにより自分とは異なる価値観や考え方をもつ他者を受け入れようとすることができるようになった。
・他者からのフィードバックがなくても、自身で内省し、気づきを得ることができるようになりつつある。

小林洋の場合

■マネジャー・榎並の変化
・小林の課題や懸念に着目するのではなく、彼のこれまでの経験や可能性に意識の焦点を合わせることができるようになった。
・自身の防衛本能的な言動に気づき、小林に対して素直に期待や活躍イメージを伝える覚悟を決め、尊敬の念をもって本音を伝えることができた。その結果、チームを牽引してもらう存在に引き上げることができた。

■小林本人の変化
・自身でもあきらめていた可能性を榎並に言及してもらったことで、プライドを

取り戻すことができた。
・自己を正当化していたことに思い至り、みんなのためにひと肌脱ぐ覚悟を決めた。

河合理恵の場合
■マネジャー・榎並の変化
・河合に対してアシスタント業務の人というだけの認識しかなかったが、河合の立場を知ろう、理解しようと考えることができるようになった。
・河合が皆に話してもいいと思えるような相互理解の場をつくり、河合自ら話しだすまで待つことができた。
■河合本人の変化
・自分の個人的な苦しさをみんなに話した。みんなが理解し、受け止めてくれたことで、自分自身の変わるべきことに向かい合うことができた。
・みんなのサポートを意識できるようになった。

マネジャー・榎並道久自身の変化

・ダメ出ししている自分、数字だけに意識がいっている自分に気づき、修正できるようになった
・内省（自分の行動と感情を洗い出し、それを客観視し、自分の課題を言葉にする）ことができるようになった。
・メンバーの力量や性格をかんがみながらメンバーの立場に立ち、内省を促すことができるようになった。
・重要なことを覚悟をもってやれるようになった。

いかがでしたでしょうか。ぜひ、みなさんもメンバー一人一人について思いを巡らせ、彼ら彼女らが有機的につながるような面づくりを意識したシナリオを作ってみていただけたらと思います。

「可能性のマネジメント」の
研修を受けていただいたお客様からの声

「教える」のではなく「感じる研修」明らかに行動が変わったリーダーが増えていった

キリングループロジスティクス株式会社
執行役員　東日本支社長（元人事総務部長）
長妻《ながつま》和彰《かずあき》　様

――研修ご検討時の課題感と、パートナー（研修会社）選定にあたってご検討されたこと、重視されたことをお聞かせください。

２０１６年当時、中期経営計画の達成に向けて改めて何をすべきか考えました。結果、会社の発展には人が最も大切であり、人は仕事を通じて育てるという考え方のもと、職場での育成の要諦となるリーダー・マネジャーがその成否を左右するだろうという結論になりました。

しかし彼らは非常に忙しく、育成にかける時間がなくなっている実態もありましたし、仮に時間があったとしてもそれまでのスタイルに固執してしまっていたり、あるいはどのように育成したらよいかわからないといった課題感も抱えていました。

そこで、以下の2点を狙いとして、リーダー・マネジャー研修を実施することに決めました。
1 MGR自身が中期経営計画を自分の言葉で語れるようにする
2 メンバー育成力を高める
あくまでも仕事を通して人は育つということを前提にしつつ、パートナーとなってくれる会社を探しました。

パートナーの判断基準は、「我々が共感できる育成コンセプトをもっているか」「我々の育成コンセプトを研修のプログラムに反映してくれるか」「研修終了後も自分たちで継続的に実践できそうか」「コスト」の4点。実は、ファインド・シーさんは他社よりも提案スパンが3年計画と長く、他社よりも高い金額でした。

しかし営業の江口さんの、「メンバーが変わろうとする意志、一歩踏み出す体験、そのときの感覚を大切にしたい」という言葉、マネジメント理論よりも「体験」を大事にしたいというコンセプトと、「意識変容に徹底的にチャレンジするんだ」という強い意志とに、我々の想いを汲んでくれるであろう期待を抱きました。

マネジメント理論を教えてくれる会社はたくさんあります。しかし、やるからには今までとは異なることをやらなくてはいけない。会社を変えるというならば、自分たちがこれまでのやり方、常識を変えないといけないと考えました。

コスト面では、多くの会社さんが、「御社にしたいと思うが、金額なんとかならないか」と打診すると、「ご予算はいくらですか」「そのご予算でベストのものをご提案します」と対応してくださいます。今回江口さんにも同じように打診したところ、多少の調整はしてくれたと思いますが、「御社は中期経営計画を達成なさりたいのですよね?」「リーダーのメンバーへの向き合い方を変えていきたいのですよね?」「そのためにはこのくらいの投資は必要です」とはっきりおっしゃったんです。

「本気で会社を変えるんだ」と思っていた私たちは、ストレートにはっきりと言い切った江口さんの熱い言葉に、そこまで言うなら賭けてみようじゃないかと思い決めました。


――ご導入の前と後とで、どのような変化がありましたか?


まず、リーダーのマネジメント観が変わりました。

私たちは機能分担会社です。すなわち、事業会社の物流機能の完遂とコスト効率化を両立するというのが大命題です。すべてはリーダーが把握し、適切な指示を出し切るというのが理想のリーダー像だったと思います。

しかしこの研修を通じて、そうした「リーダー起点」のマネジメントから、メンバーの考えと主体性を引き出す「メンバー起点」のマネジメントに変わっていきました。リーダーたちの、メンバーとの接し方が如実に変化していったのが印象的でした。

もしかしたら、それまでは会社の理想のリーダー像自体も前者だったかもしれません。私たちは絶対に事故を起こしてはならない。事故ゼロ、ミスゼロ、届け切るのが当たり前。そのためには「徹底」が大切だと考えていました。今から考えると、いわば会社自体の「マネジメント観」が変わっていったのだと思います。

研修を重ねるなかでリーダーも「沈黙を大切にする」ことができるようになっていきました。沈黙している間は苦しい。でも、相手があぁでもないこうでもないと内省する時間を大切にし、メンバー自身の「こうしたい」「こう変えたい」という思いを引き出すことができるようになっていくことで、これまでより一層、キリン品質を全員で生み出す土壌が生まれていきました。

――ファインド・シーの研修に対するご感想・ご評価をお願いいたします。

ファインド・シーさんの研修は、教えるというよりも「感じる」研修というのがコンセプトだと感じます。受講者の反応によって、研修期間中でも何度も何度も微修正をしてくださいました。使用資料や受講者にささる言葉遣い、ワーク時間、グループディスカッションの入り方など、大きなことから細やかなところまで、毎回毎回私たちとお互いの認識を合わせる振り返りをしたうえで修正を重ねてくださいました。

受講者一人ひとりの個性を知ったうえでの講師やスタッフの方々の洞察はとても貴重で、研修を重ねるごとに、わかってもらえているという実感が増していきました。

明らかに行動が変わったリーダーが増えていきました。また会社の思いを浸透させる場としてもこの研修が機能したこと、リーダー同士のコミュニケーション・ネットワークの醸成なども得られたと思います。

中期経営計画に対してメンバー一人ひとりが深く、広い視野でとらえることができるようになったのが何よりの収穫です。私自身、いくつかのグループ会社で人事業務に従事してきていますが、ここまで徹底して、長期にわたって、しつこく、リーダーのメンバー育成力向上にこだわって取り組んだのは、もしかしたら初めてのことかもしれません。

ファインド・シーさんの研修は、西洋医学というよりも東洋医学のような印象をもっています。お互いの思いを一致させながら、何度も振り返り、改善を重ねていくなかで受講者も、それから事務局も進化していくことができました。

今年は最終年度ですので、これが一過性にならないよう、我々の力で自走していけることが次の使命だと考えています。

将来の夢を語れる職場に変わったリーダーだけでなくメンバー全員に受けさせたい

キリングループロジスティクス株式会社　東日本支社
グループ物流部部長（元物流管理部 横浜支店長）
岸《きし》田《だ》日《ひ》世《よ》人《ひと》 様

――現在の業務についてお聞かせください。

関東圏の自社配送を担っております横浜支店で、配車・在庫管理・協力会社のマネジメントおよび現場運営の総責任者をしています。

――「可能性のマネジメント」研修の受講前と受講後で、どのような変化がありましたか？

もともと私は直属部下であるリーダー3名とのコミュニケーションが中心で、その配下のメンバーとは業務およびMBOに関する直接的なコミュニケーションはとらず、半期に1度のキャリア面談を実施していました。

これまでは、ある種MBOの延長線上として、どこに異動したいのか、将来どういったポジションに就きたいと考えているかの確認や、業務上での課題抽出といった範囲内での対話でした。つまり会社を主軸とした育成の観点で聞いていたイメージです。

しかし今回の研修を通じて、MBO面談とキャリア面談とは明確に異なるということを学び、メンバーたちに「将来の夢」を話してもらうように、メンバー一人ひとりの希望をさまざまな制約条件をはずして〝聴く〟という形に変えました。

すると、今までは「配車をやりたい」「物流管理に異動したい」という内容だったのが、10年後、20年後の夢を尋ねると、思いもよらない話を聞くことができたり、また私自身の話もするようになり、未来に向かって一緒に考えよう、一緒に頑張ろうよ、という関係性に変わっていきました。

40歳、50歳、60歳、65歳。これから年齢を重ねていくなかで、どういった人間になりたいのか。もっと人生を楽しむには、どうしたらいいか。

たとえば、「そろそろ安定に入る」50代の人にも、まだ10年、15年ありますよ、どうします？　どんなふうに楽しんでいきます？　と投げかけると、「そう言われると、まだまだ先があるので、今の業務以外にもチャレンジしていきたい」という前向きな話をしてくれて、改めて自分も変わらなければいけないと感じました。

私自身が研修を受けて、人は学ぶことで変わることを実感できたことがとても大きいです。

今まで、リーダーに抜擢する人材は、業務の適性や能力をこちら側が見極めて判断していましたが、本人が「やりたい」ということであれば、たとえリスクがあっても冒険させてみよう、と考えるようになりました。

もしかしたら、私自身がその人の可能性を摘んだり、塞いでいるのかもしれないということに気づいたからです。自分は、チャンスを与える人になりたい、ならなくてはいけない。確かにその過程は本人もつらく厳しいものだったりもしますが、本人が選んだ道ならば、本人も頑張ることができます。

相手には、自分以上に、そして本人が考えている以上に、力がある。そういう前提で関われば、本人も、そして私自身も変わっていくことができます。

気持ちを聞く。

相手の立場に立つ。

否定や余計なアドバイス、決めつけをしない。

考えを問う。引き出す。
明るく笑う。
夢を尋ねる。夢を語る。夢を一緒に考える。
人はみな、大きな可能性がありますし、みんな楽しくやりたいと思っている。そのために私ができることを考えて、やる。今は、みんなの「余裕」を創り出したいと思っています。

——受講後にご自身で取り組んでみたいことはありますか？

着任時には風土改革、2年前からは全社でエンゲージメント調査を行っていますが、なかでも「よい職場として周りに語ることができる」という設問の点が低く出ていたことに着目しました。

自分の職場をいいと思わない、周りに語れないのはさみしいな、そう思わせているのは自分のせいである、と思いまして、ちょうど研修で習った『いい目標設定とは第三者の声で描く』という取り組みに合わせて、「家族になんて言われたらうれしいか」というテーマ設定をみんなに持ちかけてみたんです。私自身は、「(かみさんから) 仕事忙しそうだけど楽しそうだね」という声をもらう目標を立てました。

実は当初、キャリア面談で「なぜ、よい職場として周りに語ることができないのかなぁ?」と悩み、問いかけると、メンバーからは、上司、職場、同僚に対してたくさん(およそ200)の不平不満があることがわかりました。

まず私は自分がやれることをすべてやると宣言するところから始めました。普段のリーダー同士の会話がオープンに聞こえるよう席替えをする、ラジオ体操はダラダラしない、といったところから、やれることはすべて、そして一つずつ取り組んでいきました。「みんないろいろ言うなぁ」とまったく思わなかったといえばウソになりますが、研修を受けたときに「自分が変わらなければ何も変わらない」ということに気づいたので、みんなに僕自身がいい職場にしていきたいということを宣言して、取り組んでいきました。

メンバーに対しての『いい目標設定とは第三者の声で描く』取り組みにおいては、「俺は仕事は家庭に持ち込まねぇ」と言う人もいましたが、みんなで話し合って各自いい目標を立ててもらいました。

また、「内省」がないと人は成長しないというのを習ったので、毎月エンゲージ活動と称してみんなで決めた目標をそれぞれ振り返り確実に実行してもらい、年末の振り返り発表の場では「お父さんの会社って生麦にあるんだ、知らなかった! と娘に言われた」とか「子どもと話すいいきっかけになった」など意見が出てきまして、それはそれでよかったな、と。

みんなで「自分たちが決めたことを自分たちで振り返り、やっていく」ということを改めて実行していくなかで、最近職場が元気になってきたと思います。

アンケートの数値も上がってきていますし、キャリア面談などを通じて、メンバーから「支店が明るくなってきた」と言われるようになりました。

――ファインド・シーの研修に対してどのような感想をお持ちですか？

まず驚いたのは、うちの会社に合わせた内容になっていることです。

中期経営計画をふまえたうえで、その達成に向けての後押しをしていただきました。

もちろんこれまでも、仕事なので中計は達成しなくてはという気持ちはありました。ですが、なんとなく自部署の事情が、とか、他部署のことは少し遠いことだったりしたのが、部署を越えた本質的な話し合いを通じて、「自分ができていないところはサポートしてもらおう」「営業とも協力しよう」というふうに、それまであった壁が取り払われたように思います。

また、外部から「ここは御社の強み」「ここは課題」と明確に言っていただき、また毎回毎回繰り返し、目標に対する振り返りをされたので、最初のほうはぼんやりしていても、何回か繰り返すうちに「やらざるを得ない」状況になっていきました。

普通の研修であれば、そのときは気分が盛り上がってもそこで終わってしまいますが、本当に実現しているかをしつこく追いかけてくださり、しかも追い込まれている感じもなかったので、自然と自分でも振り返るようになっていきました。

なんといっても、メンバーの意見を「聞く」「引き出す」ということを改めて考えるいい機会でした。「メンバーの意見を聞けているか？」「メンバーの可能性を引き出せているか？」と内省していました。

それから一人ひとりが自分の「マネジメントハンドブック」を作成したのもよかったと思っています。自分がメンバーだったときの気持ち、リーダーだったときの気持ちも素直に書いてみんなで共有しているんですが、当時のやんちゃで元気だったころの本音や、今大切にしていることをメンバーに伝えられたのがよかったです。

できればこの研修を、自分のメンバー全員に受けさせたいです。なぜなら、リーダーだけが研修の機会があってメンバーにはない、すなわちチャンスを与えていないと思うからです。他力本願と思われるかもしれませんが、我々リーダーが何をやっているのか、いずれリーダーになるメンバーに必要なスキル、人事制度上ステップアップするために必要なマネジメントをメンバー一人ひとり早い段階から学んでほしい、学ぶチャンスを与えてほしい、と切に願います。

特別対談

成人発達理論の観点から現代のマネジメント課題を考える

自分とは異なる他者に、いかにして成果を出してもらうのか

知性発達学者
加藤洋平
×
株式会社ファインド・シー
代表取締役
小髙峯康行

マネジャーが直面している「過去の自分との決別」

小高峯　さて今日、加藤さんとお話しさせていただきたいテーマというのは、ひと言で言うと「今のマネジメント層が直面している一番の課題」についてです。事業環境の変化が著しい今の時代背景のなか、自分とは異なる「他者」に成果を出してもらうということが求められていますが、多くのマネジャーは「これまでの自身の経験・過去のやり方が通用しない」ことに直面していると私は考えています。そしてこのこと自体に戸惑ったり、これまでの自身を支えていたものが崩壊していく焦燥感を抱いている方が多いのではないかと。

加藤　ええ。

小高峯　いわばこの、「過去の自分との決別」が求められる背景について、私がいろいろな企業で研修などを実施させていただくなかで感じていることは、やはり時代の変化が大きいと考えています。若手の方々とマネジャーを務める世代の方々とでは、育ってきた環境が異なります。

一つは、ITデバイスそのほかの変化による、コミュニケーションのあり方の変化です。たとえば、固定電話をとることができない大学生がいます。それは、家に固定電話がないからです。「ダイヤル」という言葉も知らない世代には、その上の世代の常識は通用しません。昔は「(私の仕事を) 見ていればわかるよね」とよく言いましたが、コンテキストが共有されているなかで仕事が成立してきたからだと思います。

もう一つの変化は、たとえば発達障害やメンタルヘルスなどについての関心や理解が深まってきたことです。

昔は病名がなく、病気として認知されていなかったため、多様性の少ない組織のやり方を画一的に当てはめる、あえて言えば組織のやり方を押しつけることが当たり前でした。その結果、対象となる人、耐えられなくなった人は自然と離職する、といったことが起きていたように思います。

また、マネジャーがある種の権力を行使することが当たり前だった状況から、今はマネジメント側がコミュニケーションを変えなくてはいけないという状況に変わってきています。マネジャーのみなさんも、この環境変化について研修でお話しさせていただくと頭で理解はしてくださいます。ただ、頭では理解できるけれども、「とは言っても」という感情がわき、心がついていかない状態にある方がほとんどです。ある種の発達課題ともいえることに直面しているのではないでしょうか。

加藤 今、自己との決別が必要な背景として、環境変化を挙げてくださいました。

まず1点目の、ITデバイスなどの進化について。これは成人発達理論※1の観点からみても大事な視点です。

私たちの思考や感情を司る内面世界は、外面世界の変化に影響を受けます。外面世界というのは、物理的な外側の世界のことを指し、ITデバイスがどう、建物がどう、といった世界です。この外面世界が変化すれば、内面世界も必然的に変化します。

一方で、私たちの思考や感情が変化すれば、それは行動の変化を生み、ITデバイスなどの物理的なツールの活用方法を変化させます。

つまり、内面世界と外面世界は相互作用関係にあるわけです。

先ほどのお話で言うと、デバイスの進化、外面の進化によって内側の世界もどんどん変わってくる。すなわちこの変化によって、若手の方の思考の仕方、言動そのものが変わってくるのは当たり前です。

小高峯　外面と内面というのはわかりやすいですね。
たとえば今日の日本はとても暑いのですが、ここまで暑いとクールビズが浸透しつつある現状では逆にスーツを着てネクタイしているほうが変、ということになってきますよね。気候の話も、外面世界という理解でよいですか？

加藤　はい、まさにそうです。
気候というのは、その土地の人たちが共有している外面世界ですが、その集合的な外面世界は、各土地固有の文化と切っても切れない関係にあります。その土地の気候が文化を育み、一方で文化がその土地の街並みを形作っていきますよね。個人の内面・外面世界のみならず、集合の内面・外面世界も相互に影響を与え合っています。

米国の思想家ケン・ウィルバーはこの4つの象限で整理しています。


加藤　左上の領域は「個人の内面領域」、つまりその人の心のうちといえます。その人がどのようなことを考え、どのような感情をもっているかを司るのがこの領域です。

右上の領域は「個人の外面領域」を示し、この領域はたとえば私たちの血圧・脳波など客観的測定が可能なものを扱います。私たちの身振り手振りといった物理的に可視化可能な行動もこの領域で扱われます。

左下は「集合の内面領域」、すなわち企業文化やその国の文化などを司ります。より小さな単位では、チームの雰囲気などもこの領域で扱われます。

右下は「集合の外面領域」を示します。たとえば、法制度、企業の決まり事、インフラ設備などがこの領域で扱われます。この4つはすべてお互い密接に関わり合っており、それぞれをないがしろにすることはできない、というのがケン・ウィルバーの主張です。

今マネジャーがどのようなことに直面しているのかを考えるにあたっても、この4つの象限から考えると包括的に考えられるのではと思います。

	内面的な次元	外面的な次元
個別的な次元	**個人の 内面的な領域** ・意識 ・思考 ・イメージ など	**個人の 外面的な領域** ・血圧 ・脳波 ・行動 など
集合的な次元	**集合の 内面的な領域** ・企業文化 ・社会の思考の枠組み など	**集合の 外面的な領域** ・法制度 ・企業の決まり事 ・IT 環境 など

ケン・ウィルバーの4つの象限モデル
『インテグラル理論多様で複雑な世界を読み解く新次元の成長モデル』
（日本能率協会マネジメントセンター）

マネジャーの発達段階に応じた適切な支援を

小高峯　ちなみに加藤さんは、今の日本の管理職の課題感についてどのようにとらえていますか？

加藤　そうですね……、まずはご指摘いただいた「過去の自分を手放すことができない」ということは私も実感します。また、「全体を見られず個別に終始しがち」「短期目線になりがち」という点も課題だと思います。

過去に、30歳半ばから40歳半ばのマネジャーの方々の成長を支援するためのコーチングをさせていただいたことがあります。彼らは実務的な能力に関してとても優秀でしたが、他者を導いていくような人格的に大きな器を持つマネジャーになっていく必要性を彼ら自身が強く感じていました。つまり、彼らの多くは、すでに確立されたマネジャーとしての自己を見つめ直し、さらに成長を遂げたマネジャーになることを望んでいたのです。

その一方で、自己を手放す前に「手放すに足るだけの確立した自己があるのか？」という観点も考慮に入れる必要があるとも感じました。発達心理学者のロバート・キーガンが提唱した成人発達理論の1～5の段階モデルを用いれば、マネジャーの方々が自己主導段階に到達しているのか否か、ということです。

コーチングクライアントの中には、キーガンの理論でいうところの発達段階4（自己主導段階）に向かっている最中の方もいらっしゃったので、それを考えると、自らを支えてきたものとの決別は重要ですが、そもそも自らを支えるものがきちんと確立されているのか否か、という観点も大切になると思います。

小高峯 つまり、過去の自分を手放すことができるかどうかは、マネジャー自身がどの「発達段階」にいるかということも重要になるということですか。

加藤 はい。多くのマネジャーは発達段階4に到達していることが調査でも徐々に明らかになっていますが、彼らの発達段階を厳密に眺めると、マネジャーに従事する方々の発達段階にはばらつきがあると思います。過去の自分と決別するのが難しい、というのはつまり何を表しているかというと、自分と同一化しているということです。

発達段階4に到達している方、さらに上の段階に向かっている方は、過去のやり方が通用しないということがわかっていて、これまでのやり方や過去の自分自身から離れていかなくてはいけない、ということに自分自身で気づけるようになってきます。

一方で、発達段階4に至っていない方は、まずは自己を確立することが優先課題であるため、仮に「手放す」サポートを提供してしまうと、発達段階から見て齟齬《そご》を起こすことになるのです。

外面世界の変化が内面世界にもたらす影響を考慮する

加藤　多くのマネジャーの方々とご一緒していると、時間的な余裕、心の余裕や余白がない方が多いな、という印象があります。異質の価値観をもった人たちとどう向き合い、どう関係性を育んでいくのか、というテーマにおいて、余裕がないためにどうしても個別事象にとらわれてしまいがちになるように見受けられます。

小高峯　確かに、今のマネジャーに余裕がない、というのは私も感じます。私たちの研修でも、「日常、ちょっと立ち止まって考えることの重要性に思い至った」という感想を寄せてくださる方はとても多いです。

加藤　今のマネジャーのみなさんは、マネジメント業務のみならず、プレイヤーも同時に担っている方がほとんどですよね。二つの異なる役割を担う分、〝離見の見〟というか、立ち止まって自分のあり方を考えることの重要性が増していると思います。

小高峯　受講していただいているマネジャーの方々から、「なぜ自分たちのやり方ってだめなんですかね？」という素朴な疑問をもらうことも実は多いんです。自分たちも、上とは違う世代で生きてきましたし、「適応」してきたんですけど、と。

私は、昔のマネジメントが成立する要件というのがあると考えています。

昔は、極論に言えば時間がほぼ無制限にありました。

当時のような、寝食を共にするというのがスタンダードだった時代と、今のように残業規制が厳しく、6時になるとPCを自動シャットダウンするような世の中とでは、それはやはり異なりますよね。

あとはITの普及ですね。たとえばメール。

私が入社したころはインターネットが一般的ではなかったので、お客様にまず電話をし、見積もりを作成し、郵送し、返送していただくのに1週間かかっていました。

しかし今は同じ一連の動きが1時間で終わります。つまりそれだけ、業務量が圧倒的に増えていると言っていい。1時間当たりの仕事の量は確実に増えているという点があると思います。

メール以外でもグループウェアの普及などで、便利になり作業時間が減り、その結果、時間当たりの業務量が増えているように感じます。

加藤　確かにそうですね。

インターネットなどの技術の発達によって、これまで多くの時間がかかっていた業務の作業時間が短縮された分、複数の仕事を同時並行的にできるようになり、逆に仕事量が圧倒的に増えています。先ほどのケン・ウィルバーの図（251ページ）の右下象限にある「メール」というツールが便利になったばかりに、右上の「個人の仕事量」も増えているんです。
また、「これまでのマネジメントが通用しなくなって、どうして変えなくてはいけないのか」という問いに対しては、外的環境が変われば内面世界も変わっていくのはある意味当然、というのが答えになるでしょうね。この4つの象限は、密接に関連していますから。もしかしたら一般的には、外面世界の変化が内面世界の変化にもたらす影響がある、ということがあまり浸透していないのかもしれないですね。

小高峯　はい。思考・論理では整理、理解できたとしても、感情面がついていっていないのだと思います。このことが、みなさんの苦しみにつながっている気がします。

加藤　感情面がなかなかついていかない、という方々に対してのアプローチや、その支援の際に、御社が大事にされている考え方にはどのようなものがありますか？

小高峯　私たちは主に研修を提供していますので、その限られた機会のなかで言えば、ということになりますが……。私自身が管理職としてリアルに苦しんできましたし、今も苦しみを感じているので、それに対する〝共感と共有〟ということは心がけています。
一方、それくらいしかできていないとも言えますので、今後の弊社の研修のテーマになるとも考えています。

加藤　感情は脳、体から生まれているので、管理職としての悩みを共有することによって腹に落ちる感覚、「腹落ち感」をもってもらうことは大事ですよね。理論的なことは後にして、まずは腹落ち感をどうもってもらうかが大事だと思います。

小高峯　ええ。葛藤して苦しんでいる方に理論を伝えても、その人のなかには入っていかない、というのは肌感覚として確かに感じています。

加藤　「頭ではわかっているけれど感情面がついていかない」方々の特徴を分類してみると、どんな特性がありそうですか？

小高峯　成果思考が強い人になればなるほど、そういうきらいはあるように感じます。

自分が結果を出すために朝令暮改を厭《いと》わず、本来の意味でコミットをして努力している方ほど、そういうアプローチや考えをとらない人に対して理解できない、という反応を見せることがありますね。

加藤　なるほど。成果主義的な発想という枠組みですね。確かに現代の企業そのものがそういう特徴をもっていますしね。

小高峯　上に行けば行くほど、成果を求められますので。

加藤　プロセスよりも成果。有無を言わさないプレッシャーがマネジャーの肩にのしかかっていることをみなさんから私も感じます。

忙しいと「短期・手段・個別」に逃げがち。時には「立ち止まる」

小髙峯 マネジャーは、「短期と中長期」「目的と手段」「全体と個別」という3軸それぞれについて、自由に階層を行ったり来たりしながら適切な判断をしていかなくてはなりません。

しかし多くのマネジャーにとって、この階層の行ったり来たりが難しく、つい「短期・手段・個別」に向きがちではないかと思っています。この視点をどのように離見できるか、といった点も課題としてあるのでは、と考えているのですが……。

加藤 そうですね。企業社会の風潮に影響を受ける形で、多くのマネジャーはどうしても短期的な物事や、目的よりも目の前の手段に目が行きがちです。

発達段階で言えば、自己主導段階（段階4）に至るとそのこと自体、自分が短期的な視点に目が向いていること自体に焦点を当てられるようになったり、「今の取り組みの目的は何か」という大局的なものの見方ができるようになっていきます。

一方、その手前の段階の人にとっては、マネジャーとして要求されていることに押しつぶされてしまいやすいという危険性があります。他者依存段階（段階3）の特徴をもっている方は、相矛盾したメッセージ、たとえば「短期の業績を上げながら中長期的な投資もする」といったことを矛盾したままとらえてしまい、「結局どうしたらいいのかわからない」という状態に陥ってしまうことも多いと思います。

小高峯　「短期・手段・個別」のほうがすべき作業としてわかりやすいですよね。

作業自体は同じかもしれませんが、目的や意味を考えながら作業するよりも、何も考えずに作業するほうがやりやすいし、より逃げ込みやすい感じがします。

加藤　個別的・短期的なものは逃避対象になりやすいです。

特に発達段階3から4に向かっている人に見られやすい特徴です。

自己主導段階に到達すると、自分で自分自身の意味を見出しながら生きることができるようになります。意味を問いながら、日々の仕事に向き合っていけるというのが発達段階4の特徴だといえます。

小高峯　昨年ぐらいから、ティール組織の考え方が日本でも広まっていますが、その書籍の中で紹介されている事例を思い出しました。社員が議論する際に空いた椅子を1つ用意しておき、その席を「組織の存在目的」という形で擬人化するというものです。それで、「このミーティングで決定されたことは、あなた（=組織）にとって有効か？」「あなたの気分はどうか？」といった問いかけを意識して行い続けることで、組織の存在目的の意識を高めている、というくだり。

席に「理念くん」が座っているよ、というイメージですね。

加藤　それは面白いですね。

小髙峯　ディスカッションしていると、ついつい目先のことにいきがちなので、そこに席を置いておいて、たとえば「長期くん」とか。彼か彼女かに意見を求めると、意味に立ち戻って議論ができるという方法論は、意味がありますよね。

加藤　それはすごく大事なことだと思います。

多くの方はどうしても日々の仕事に没入してしまいがちだったり、自己を忘れてしまいがちですから。自分を冷静に見たり、意味を問うための工夫として、椅子をそのように活用するというのは面白いですね

小髙峯　これは、さきほどの時間的余裕がなくて立ち止まってしまうという話と、時間軸は違いますけれど、同じ話かもしれないです。

たとえば会議のなかで、立ち止まる会議があってもいいと思うんですよね。

加藤　ええ。ぜひファインド・シーさんが先頭に立って、そうした会議の意義を社会に発信していっていただきたいです。

成果や合理性を追求する現代社会のなかで、立ち止まることの大切さに気づくことができれば、社会における働き方を変えていくきっかけになるのではないかと思います。

自分がどのような物語を生きているかに目を向ける

小高峯　「立ち戻る」というのはすごく重要なキーワードに感じます。

加藤　はい。人間の成長・発達について学べば学ぶほど、私たちにとって時間の概念は切っても切り離せないものであることがわかってきます。

小高峯　たとえば子どもが生まれたとき、彼らの成長を見守りながら、最適な課題とサポートを与えつつ彼らの成長を支援していく、というのは親として当たり前の行動ですよね？　しかし一方で、なぜ社会に出ると、私たちは他者や自身に対して早急な成長を求めるのでしょうか。

大人になり、組織に所属した途端に、「できるだけ早く成長しなければならない」と思わせるような企業社会の風潮に対して、私は危機感を持っています。

小高峯　北欧系の企業は比較的、器が大きい印象があります。

一方、欧米系や、グローバルと言い始めてからの日本は、ある種の幻想にとりつかれるようになったのかな、と思うこともあります。

以前から「早期の、すぐの戦力化」という話も確かにあったとは思うのですが、早く一人前にという圧力や、一回教えればできて当然、など少し行き過ぎた風潮も出てきているのかなと感じることがあります。

加藤　実証的なデータはわからないのですが、過度な競争によって出世の速度も短縮化されているのかもしれません。テクノロジーの進化とグローバル競争があいまって、「早く、多く」成長しなくてはいけないという幻想のようなものが蔓延していることを感じます。

小高峯　もしかしたら少しずれた話になってしまうのかもしれないのですが、価格に対する要望度が高い日本は、サービスが劣化している気がしています。サービスが発達しなくなっているのではないでしょうか。極端に、金持ちが行く店と大衆が行く店とに分岐していますよね。で、産地偽装などをしてしまうようなお店は、過度な競争にさらされすぎたことで、退化、劣化しているように感じるのです。

加藤　ええ。そうした二極化もありますし、また劣化したものが社会の中での地位を高めているといいますか、広がっているような気すらしますよね。

先ほど言及したケン・ウィルバーがいうところの「フラットランド」が現代社会で拡大しているのだと思います。フラットランドとは、図（251ページ）の四象限でいうと、右象限を重視し、質ではなく量を重視する考え方です。あるいは、本来質的なものを強引に量的なものに還元しようとする現象のことを指します。

フラットランドの進行によって、日本古来の考え方、たとえばおもてなしなど、質の高いものがないがしろにされがちだったり、そうした質を追求し大切にする人たちが減ってきているように思います。

小高峯　競争が悪いと言うつもりはまったくないのですが、過度ですよね。本書の中でも紹介していますが、達成したときのイメージが欠如した、数字だけの世界に陥りやすく、その罠にさえ気づかなくなる。

加藤　はい。そもそも競争は、生物の進化のうえで不可避なものですが、最近は過剰な競争が蔓延していることを私も問題視しています。

その世界にいる人は、頭ではわかっていても、「この競争がどのような物語のなかで起こっているのか」に気づいていない場合が多いのではないかと思います。自分が社会のどのような物語あるいは思想に組み込まれているのかに気づいておらず、虚構のなかで生きている人たちが多いように思います。

小高峯　フラットランド……。この整理はすっきりきます。内面世界で生きている我々にとって、内面世界をないがしろにした生活のありようの限界なのかもしれないと感じました。

さっきの「理念くん」じゃないんですが、私たちが提供している研修のなかに、お互いを知る、というセッションを行うことがあります。入社した理由や自分がつらかったことなど1人当たり30分から1時間かけてじっくり共有するセッションです。

これは、心理的安全性を高めるきっかけづくりです。また、うちの会社って何だったっけな、うちの会社の「らしさ」って何だろう、というのを少し立ち止まって改めてじっくり考えていただくセッションを行うこともあります。

そのうえで寸劇のようなものをやっていただき、「らしさ」を体現している日常場面を表してもらったりもします。現在と、未来の日常を演劇でやってください、と。それをふまえて、あえて何か一歩踏み出すとしたらどうしますか？　ということをやったりしています。

自分の物語を紡ぐ手段としてのジャーナリング(日記)

加藤　演劇という手段は、メタ認知を高めるうえでとても有効なアプローチです。

また、演劇というのは非日常的な意識をもたらし、日常から離れた意識の中で日常の自己を見つめることを促します。私たちはどうしても日常の中にいて日常の自己を見つめるのはなかなか難しいと思います。

小高峯　あとは、10年後の日記を書いてもらったりもします。

最高の、10年後の自分。これはまさに内面世界の話ですよね。非日常のなかで、半日かけてイメージして書いた日記を、目をつぶって読んだり聞いたりしてやりとりする、ということをやっています。

加藤　それはすばらしいですね。自己の物語を紡ぎだすということは、とても大事だと思います。ヴァン・ゴッホは長きにわたって日記としての手紙をほぼ毎日弟のテオに送っていました。自分がどういう芸術家になりたいのか、現在どのような課題意識をもって絵画の制作に取り組んでいるのかなど、絵画を取り巻く思想や技法について毎日自分の考えを書くということを行っていたがゆえに、ゴッホがゴッホたりえたのかな、と思います。

小高峯　毎日ですか、それはすごいですね。

加藤　ゴッホのみならず、過去の偉人といわれている人たちの多くは、日記を習慣にしていました。モーツァルトやショパンも、手紙を日記代わりにして書くということを習慣にしていました。

当然ながら、手紙の中には日常の些細なことにも言及しているのですが、自分が将来どういうことを実現していくか、自分がどういう生き方をするのかということを含め、毎日自己を見つめるという行為を多くの偉人は行っていました。

小高峯　先ほど、現代人は物語のなかにおける自己を自覚できていないという話がありましたが、自身を日々見つめることで、物語が出てくるのでしょうね。

加藤　自分を取り巻く物語の存在に気づくこと、そして自分自身の物語を紡ぎだしていくことの重要性は強調してもしきれません。

多くの人たちは、自分の物語ではなく、社会がつくった偽りの物語に盲目的に従う形で生きています。社会がつくった物語の中で生かされていることが、現代の生きづらさを生み出しているように思えます。社会のどういった物語のなかで自分は生きているのかを冷静に把握し、そこから自分自身の物語を生み出していくことが、自分の人生を生きることにつながっていきます。

江口　私からも加藤さんに伺いたいのですが、今「育てられるマネジャーってどんな人なのか」ということを考えていて、メンバーに内省させることができるマネジャーだと思っているのですが、いかがでしょうか。

先ほどの4象限（251ページ）で言うと、右側（右下）から左側（左上）にメンバーを移行させられる人といいますか。たとえば1on1って無駄といえば無駄な時間かもしれません。でも、これって意図的に停滞する時間なんですよね。研修もある意味、右側から左側にもっていく場だと思いますし、「自分が何を考えているんだろう」と考えさせることができるのが、育成できるマネジャーなのだろうと。

加藤　メンバーの内省を促せるマネジャーというのは、育成ができるマネジャーの要件の一つだと私も思っています。

ポイントは、良質な問いを投げかけられるかどうか。そして、適切な問いを適切なタイミングで投げかけられるかどうかだと思います。人間の成長にはタイミングというものがカギを握りますから。

江口　〝心を今にもっていく〟、といったことを私自身心がけてやってみているのですが、それは外面から内面にもっていく場ということですね。すっきりしました。

加藤　人は、自己の物語を紡ぎ、自分の人生を生ききることによってはじめて、他者への深い関与が行えるようになっていきます。自己の物語を紡ぎだすというのは、キーガンでいうところの発達段階4の特性です。

それを実現させるための手段として、日記などのジャーナリングといわれる方法は非常に有効だと思います。先ほど紹介したように、多くの偉人が日記を通じて絶えず自己を見つめ直し、継続的な自己成長を実現させていたことは注目に値します。

重要なことは、江口さんもおっしゃった「内省」であり、日々内省したものを何らかの形として残しておくということなので、日記ではなくても、それこそ絵を描くことや詩を書くこと、あるいは作曲をすることなども有益な方法だと思います。

現代社会においては日記というものの価値が低く見られている風潮があるかもしれません。しかし日々を深く生き、この世界に価値を生み出していった人たちは、日々の出来事を通じた内省的な日記を書いている人が多いのです。

一見すると、非常に小さな、なおかつ手間のかかる実践に思えるかもしれませんが、自分と向き合って文章を書くことは非常に大切です。文章を書くという言語化の実践は、客観的に自分を眺めることを可能にし、それによって新たな気づきがもたらされ、その気づきをもとにした新たな行動がさらに新しい気づきをもたらすという循環によって、私たちは継続的な成長を遂げていくと考えています。

自分の感情と向き合い、生きるうえで大事なことを取り戻す

小高峯　今、私の頭に思い浮かんだのは、「原点」という言葉です。

人が人として生きるために大事なことを取り戻すこと。ジャーナリングもその手段の一つだと思うのですが。

たとえば弊社の研修で、とある「自称パワハラマネジャー」の受講生がいました。最初の研修から3か月経過したころでしょうか。「僕、むっちゃ変えましたよ」と言われたんです。すごい変えました、いい状態になりました、と。「なぜそこまでやったんですか?」と聞いたら、研修の冒頭でお伝えしたルールの、「感情の揺らぎに向き合ってください」というフレーズがその方の琴線に触れたらしいんです。

いつもその方は、メンバーを見てイライラしていたらしいんですね。私は、「それは自分の期待があるということですから、いいんですよ」と申し上げました。「ですが、その感情に向き合わないと成長にはなりません」とも申し上げたのです。

彼にとっては、その言葉が、自分もやってみようと思ったきっかけだったらしい。日記を書くこともそうだと思うのですが、自分の想い、感情が原点なんだなと思いました。

加藤 原点回帰するうえでは、感情の揺らぎとどう向き合っていくかはとても大事です。人は、絶えずさまざまな感情をもちながら生きています。揺らぎ、というのはまさにキーワードであり、この揺らぎと同一化してしまっては、それに呑み込まれてしまう。自身の揺らぎをどう見つめ、どう向き合っていくかが、継続的な成長にかかわってくると思います。

小高峯 先ほどの「フラットランド」のなかに埋没すると、感情が動きづらくなります。たとえばセッションの途中や終わり際に「感想は？」というと「こういうことがわかりました」と返ってくることがありますが、それは理解であって感情ではない。感情は、何度も問い直して初めて出てくる人が非常に多いです。

加藤 ええ。身体性を喪失した現代人は、頭でっかちになっていて、自分の内側から起こってくる現象に盲目的になりやすいといえるかもしれません。

小高峯 今、「人間味」という言葉が頭に浮かびました。

加藤 その言葉は大変すばらしく、私が常に大事にしていることはまさにそれです。

仕事にせよ何にせよ、人間らしさをいかにもって生きるか。仮に人間らしさを失っているとすれば、どうやってそれを取り戻すか。それによって人間が発達すると思っているのです。

私たちを真に成長させてくれるのは、自己に立ち返ることによってもたらされる、自分の内側から生まれる問いや気づきです。

現代の情報社会においては、ついつい外側に目が向きがちですが、自分は何者であるのかと常に問うこと、この社会で果たす自分固有の役割は何なのかを問うていく姿勢を大切にしたいものです。

＊成人発達理論
「私たちの知性や能力が一生をかけて成長を遂げていく」という考えのもと、人の発達プロセスや発達メカニズムを解明する学問。代表的なものの一つとして、ハーバード大学教育学大学院教授で『なぜ人と組織は変われないのか』（英治出版）の著書であるロバート・キーガン氏の理論がある。キーガン氏は以下の5つの意識段階を提示している。
発達段階1　「具体的思考段階」：子どもの意識段階。
発達段階2　「道具主義的段階（利己的段階）」：極めて自己中心的な認識の枠組

みを持ち、部下を自分の欲求を満たすための道具とみなす段階。

発達段階3「他者依存段階（慣習的段階）」：周囲の意思決定基準に従って行動し、自分の基準が確立されていない段階。組織や集団に従属し、他者に依存する形で意思決定をする点に特徴がある。

発達段階4「自己主導段階（自己著述段階）」：自分なりの価値体系や意思決定基準を持ち、自律的に行動する段階。これまでにない価値を創出するために、自分とは専門性が異なる他者の力を借りることに前向きな姿勢をもつ。

発達段階5「自己変容・相互発達段階」：自己の価値観に横たわる前提条件を考察し、深い内省を行いながら、既存の価値観や認識の枠組みを打ち壊し、新しい自己をつくり上げ（ていく段階。他者の成長支援が自分の成長につながるという「ギバー」的発想をもち合わせているという特徴がある。

参照：『なぜ部下とうまくいかないのか「自他変革」の発達心理学』（日本能率協会マネジメントセンター）

＊当対談は、2018年8月1日、オランダ⇕東京間でのオンラインで実施されました。

加藤洋平氏（知性発達学者／人財開発コンサルタント）
一橋大学商学部経営学科卒業後、デロイト・トーマツにて国際税務コンサルティングの仕事に従事。発達心理学の探究を志して退職し、米国ジョン・エフ・ケネディ大学にて発達心理学およびインテグラル理論に関する修士号を取得（MA）、オランダのフローニンゲン大学で「タレントディベロップメントと創造性」に関する修士号（MS）および「実証的教育学」に関する修士号（MS）を取得。現在、フローニンゲン大学で成人発達心理学を研究する一方、人財開発コンサルタントとして日本企業の人と組織の成長を支援している。

小高峯康行（株式会社ファインド・シー　代表取締役）
1969年生まれ、鹿児島県出身。小・中・高校と野球に打ち込む。1991年4月に株式会社リクルート入社。5年間の営業を経て、組織人事コンサルティング室へ異動。プロジェクトマネジャーとして大手企業から中堅企業の採用・組織人事・人材育成のためのコンサルティング活動を行う。1999年9月退社。2002年3月株式会社ファインド・シーを設立。組織変革や営業のコンサルタントとして、また、研修開発、講師として活動中。

江口統一朗（株式会社ファインド・シー　研修ソリューション事業部　事業部長）
1982年東京生まれ。2006年大手人材紹介会社に入社。エグゼクティブ人材の紹介営業に2年間従事。その後、当社に一度入社した後、1千人規模のIT企業で人事、会長室、事業開発の担当として5年従事し、2013年、当社に再度入社。2019年1月事業部長就任。

おわりに ――「ダメ出しマネジメント」から「可能性のマネジメント」へ

本書を最後までお読みいただき、ありがとうございます。

5年ほど前から、私は数多くの、また20代から50代といった幅広い世代の方々との1on1を実践する機会に恵まれてきました。自社のメンバーに対してはもちろんのこと、とある会社では半年間メンバーを預かり毎週の面談を担当させていただいたり、月に1度の振り返り面談を特定の対象の方に対して1年近く実施することもありました。

そんな経験を通して、明確にお伝えできることがあります。

それは、まだ1on1を実施していない組織やみなさまには、ぜひやっていただきたいということです。1on1でマネジャーがメンバー一人ひとりの話に耳を傾ける機会を継続的にもつことはとても重要で、組織の状態は必ずよくなるからです。

そして、これからやってみようと思われる方はもちろんですが、すでに1on1をやっているのに成果がでない、成果を感じられないという方は、ぜひ次のことにチャレンジしてください。

○相手をよく知ること（強みも弱みも）。
○相手を信頼すること。
○相手の立場に立つこと。
○相手の話にじっくりと、また我慢強く耳を傾けること。
○自分の話をついついしてしまわないこと。
○相手の可能性に着眼し、それを成果に結びつける内省力を一緒に獲得していくこと。

メンバーが成果を出すうえで最も重要なのが「内省力」です。それを引き出すにはこれらの項目が欠かせません。最初は、なかなかうまくできないかもしれません。しかし、繰り返し取り組むことで、必ずメンバーの内省を支援できるようになります。そして、何より、自分自身が感情の揺らぎを乗り越え、成長を実感することができます。

今後、マネジメントはますます難しくなっていく一方です。価値観の形成に大きな影響を与える生活環境や教育環境、そして社会の風潮の変化。パソコン、携帯電話、スマートフォンなどＩＴの進化、ゆとり教育から脱ゆとり教育へ。

ワークライフバランスや働き方改革への流れなどトレンドは常に大きく変化しています。今後もますます変化していくことでしょう。世代間の価値観のギャップは拡大していく一方となり、そのなかで生きる私たちには、常に変化することが求められます。

そんな変動する時代だからこそ、自分を客観視して、今の環境のなかで〝自分が〟変わるべきことは何か？　を立ち止まって見つめる力は大きな武器になります。これからの時代を生き抜くうえで、そして、これからの組織を束ねていくうえで、「内省力」はなくてはならない能力になるでしょう。ぜひ一人でも多くの方に、メンバーの内省を支援できるマネジャーへの挑戦をしていただきたいと思います。

この『可能性のマネジメント』は、数多くの方々の支援によって、世の中に生み落とすことができました。まず、これまで可能性のマネジメントという考えを理解いただき、機会をいただいた多くのお客様――みなさまと一緒に現場で共に経験させていただいたことの一つひとつが、本書の土台となっています。なかでも、3か年計画で組織変革のお手伝いの機会をいただき、弊社への感想の声を寄せてくださいましたキリングループロジスティクス様には心から感謝申し上げます。誠にありがとうございました。

また、この「可能性のマネジメント」をともに実践し、その考え方を深め大きく飛躍させる過程をご一緒くださった講師の武藤さん、川島さん。それぞれの経験や知識をもち寄り対話を重ねることで、今の形にすることができました。本当にありがとうございます。

本書出版にあたりご尽力いただいた、なかよくオフィスの中能泉さん、BANG!DESIGN・坂哲二さん、チェンジメーカーズ・木内宏美さんにも、御礼申し上げます。

最後に、対談にご協力くださった加藤洋平さん。その成人発達理論についての深い見識から、いろいろと重要な指摘をいただくことができました。ありがとうございました。

一人でも多くの方に「可能性のマネジメント」という考え方が届くことを、心から願っております。

小高峯康行

企画・構成：木内宏美（チェンジメーカーズ）
編集：中能 泉（なかよくオフィス）
ブックデザイン＋図版：BANG! Design, inc.

ダメ出しマネジメントからの脱却

可能性のマネジメント

2019年7月26日　初版第1刷発行

著者　小高峯 康行
発行所　ブイツーソリューション
〒466-0848 名古屋市昭和区長戸町4-40
電話 052-799-7391　FAX 052-799-7984

発売元　星雲社
〒112-0005 東京都文京区水道1-3-30
電話 03-3868-3275　FAX 03-3868-6588
印刷所　モリモト印刷

Printed in Japan　ISBN 978-4-434-26166-4